SHAKESPEARE E O DIREITO

2ª EDIÇÃO

SÉRIE DIREITO PUC-SP | *ENSAIOS E TESES*

SHAKESPEARE E O DIREITO

2ª EDIÇÃO

Mara Regina de Oliveira

ALMEDINA
BRASIL

Rio de Janeiro, 2025

Shakespeare e o Direito

ISBN: 978-85-8493-766-0

Impresso no Brasil – 2ª Edição, 2025 – Edição revisada conforme o Acordo Ortográfico da Língua Portuguesa de 2009.

Dados Internacionais de Catalogação na Publicação (CIP)
(BENITEZ Catalogação Ass. Editorial, MS, Brasil)

O48s
1.ed. Oliveira, Mara Regina de
Shakespeare e o direito / Mara Regina de Oliveira. – 2.ed. – Rio de Janeiro : Almedina Brasil, 2025.
160 p.; 15,7 x 23 cm. – (Coleção PUC-SP).

Bibliografia.
ISBN 978-85-8493-766-0

1. Direito e literatura. 2. Legislação – Direito – Brasil. 3. Shakespeare, William, 1564-1616 – Crítica e interpretação. I. Título. II. Série.

03-2025/76 CDU 340

Índice para catálogo sistemático:
1. Direito e literatura 340
Aline Graziele Benitez – Bibliotecária – CRB-1/3129

Grupo Editorial Alta Books

Produção Editorial: Grupo Editorial Alta Books
Diretor Editorial: Anderson Vieira
Editora-Chefe: Manuella Santos de Castro
Editor Pleno: Aurélio Nogueira
Vendas Governamentais: Cristiane Mutüs
Gerência Comercial: Claudio Lima

Produtora Editorial: Andreza Moraes
Revisão: Ana Carolina Oliveira
Diagramação: Viviane Brandt

ALTA BOOKS
GRUPO EDITORIAL

Rua Viúva Cláudio, 291 – Bairro Industrial do Jacaré
CEP: 20.970-031 – Rio de Janeiro (RJ)
Tels.: (21) 3278-8069 / 3278-8419
www.altabooks.com.br – altabooks@altabooks.com.br
Ouvidoria: ouvidoria@altabooks.com.br

Editora **afiliada à:**
abdr
ASSOCIADO CBL Câmara Brasileira do Livro

Mara Regina de Oliveira

Bacharel em Direito pela Faculdade de Direito da USP.
Mestre e Doutora em Filosofia do Direito pela Faculdade de Direito da PUC-SP.
Professora da Faculdade de Direito da USP e da PUC-SP.
Desenvolve pesquisa pioneira no campo da interdisciplinaridade, interligando estudos teórico-jurídicos críticos com a linguagem artística, com ênfase na literatura e no cinema.

Ajustai o gesto à palavra, a palavra à ação; com esta observância especial, que não sobrepujeis a moderação natural. Pois qualquer coisa exagerada foge ao propósito da representação, cujo fim, tanto no princípio como agora, era, e é, oferecer como se fosse um espelho à natureza, mostrar à virtude seus próprios traços, ao ridículo sua própria imagem, e à própria idade e ao corpo dos tempos sua forma e aparência.

(Hamlet, Ato III, Cena II)

Para todos os artistas que inspiraram minhas reflexões interdisciplinares.

Cronologia das Principais Obras

1592
Peças: *A comédia dos erros, Os dois cavalheiros de Verona, I, II, e III, Henrique VI Titus Andronicus e Ricardo III*

1593
Peça: *A megera domada*

1594
Poema: *O rapto de Lucrécia*

1594-1596
Peças: *O mercador de Veneza, Romeu e Julieta, Ricardo II e Sonho de uma noite de verão.*

1596
Peça: *Rei João*

1597
Peças: *Parte I e II de Henrique IV*

1598
Peça: *Muito barulho por nada*

1599
Peças: *Henrique V e Júlio César*

1602-1604
Peças: *Troilus e Cressida, Medida por medida e Otelo*
Poema: *A Lover's Complaint*

1600-1602
Peças: *Como quiserem, Noite de Reis e Hamlet*

1604
Peça: *Bom é o que acaba bem*

1605-1607
Peças: *Macbeth, O Rei Lear e Antônio e Cleópatra*

1608-1609
Peças: *Coriolano, Timon de Atenas, Conto de Inverno e Cimbelino*

1611
Peça: *A tempestade (última obra sem colaborador)*

1613
Peça: *Henrique VIII (em colaboração com John Fletcher)*

1614
Peça: *Os dois parentes nobres (em colaboração com John Fletcher)*

Panorama biográfico de William Shakespeare

Shakespeare is above all modern writers, the poet of nature; the poet that holds up to his readers a faithful mirror of manners and of life. His characters are not modified by the customs of particular places, unpractised by the rest of the world, by the peculiarities of studies or professionals, which can operate but upon small numbers; or by the accidents of transient fashions or temporary opinions: they are the genuine progeny of common humanity, such as the world will always supply, and observation will always find[1].

Considerado nos dias de hoje o maior dramaturgo ocidental, além de ator e autor de poemas, Shakespeare nasceu em 1564, em Stratford-upon-Avon. De acordo com alguns historiadores, embora ele tenha obtido sucesso financeiro e reconhecimento em vida como autor de peças, a legitimação de sua figura como símbolo maior da cultura inglesa não se deu na época em que ainda vivia, isso ocorreu apenas um século depois de sua morte.[2] Ele teria sido batizado em 26 de abril com o nome *Guillelmus Filio Johannes Shakespeare*. Sua vida familiar foi confortável, seu pai, John Shakespeare, inicialmente, trabalhando como fabricante de luvas de pele de cabra, chegou a ser prefeito da cidade. No entanto, os assuntos políticos absorviam o seu tempo e acabaram resultando, por volta de 1578, em muitas dificuldades financeiras nos negócios.

Nas pesquisas históricas, supõe-se que ele tenha sido alfabetizado por uma *Petty School,* ou seja, em uma sala ligada à Igreja, onde a autoridade religiosa era o professor. A seguir, deve ter frequentado a *Grammar School*, por volta de 1572, que correspondia ao nosso atual Ensino Fundamental e Médio.

---

1 Prefácio à obra de Shakespeare, escrita em 1765 por Dr. Johnson. HARRISON, G. B. *Introducing Shakespeare*. Harmondsworth: Penguin Books, 1962, p. 17.

2 HARRISON, G. B. Op. cit., p. 11.

A base do ensino era bastante erudita e exigente, com uma dose diária de latim, estudada na gramática de John Lily, que embasou as escolas inglesas até o século XVIII. O estudo da língua latina propiciou a assimilação de autores clássicos da literatura, como Plutarco, Ovídio e Sêneca, bem como o conhecimento da retórica, que esteve presente em suas peças. Há especulações que evidenciam que Shakespeare não cursou uma universidade porque, provavelmente, teve de ajudar nos negócios de seu então falido pai. Em novembro de 1582, aos 18 anos, casou-se com Anne Hathaway, filha de um fazendeiro vizinho, com quem teve três filhos.[3]

Entre os anos de 1585 e 1592, não há informações históricas precisas sobre o poeta, mas é confirmado que ele se mudou sozinho para Londres por volta de 1587, mesmo continuando a sustentar a sua família em Stratford. Neste novo centro cultural e político da Inglaterra, ele evoluiu como artista e ampliou sua visão política. As artes eram financiadas pelas elites, em parte, criadas pela burguesia protestante enobrecida pela meritocracia incentivada por Henrique VIII, quando rompeu com o papado romano e fundou a Igreja anglicana. Posteriormente, houve o florescimento do teatro elisabetano, sob o reinado de Elizabeth I, monarca dotada de cultura e talento político, que trabalhou com afinco para o progresso político e econômico do país, incentivando as artes teatrais.

Embora o teatro inglês já existisse há mais de 300 anos, ele esteve atrelado, inicialmente, à religião medieval, e, mais tarde, caiu nas mãos de atores ambulantes, que não tinham um espaço físico de atuação e encenavam peças mal escritas, mas que tinham apelo popular. Performances privadas eram feitas em salões nas casas dos nobres ou em qualquer lugar em que pudessem acomodar um palco e reunir o público. O primeiro teatro construído como espaço específico para as performances, em Shoreditch, foi chamado Theatre e foi inaugurado em 1576, sendo uma obra de James Burbage.[4]

A forma linguística predominante no teatro elisabetano é o pentâmetro iâmbico, para nós, traduzido em decassílabo, em que a peça inteira é rimada de dois em dois versos. Com o tempo, todavia, a rigidez da consonância foi dando lugar ao pentâmetro iâmbico sem rima, e ela passa a ser utilizada somente quando o autor quer destacar uma cena específica na mente do espec-

3 HELIODORA, Bárbara. Por que ler Shakespeare? São Paulo: Globo, 2008, p. 17 e 18.

4 HARRISON, G. B. *Introducing Shakespeare.* Harmondsworth: Penguin Books, 1962, p. 86.

tador, na medida que os versos, com sua musicalidade e ritmo, o ajudam em sua tarefa dramática de incorporar a essência do personagem.[5]

Em virtude da presença da peste, os teatros fecharam entre 1592 e 1594. Quando foram reabertos, a abastada família Burbage criou a *Lord Chamberlain's Men (Os homens de Lord Camerlengo)*, com o patrocínio de Lord Hunsdon. Shakespeare entra para a companhia e promove uma mudança importante na linguagem teatral. A rigidez pouco natural da dramaturgia era cópia artificial dos livros de retórica, e Shakespeare introduz o modo natural e fluido de interpretar.

Sua dramaturgia sofre transformações ao longo de sua carreira. No início, há predominância da poesia lírica, depois, a prosa acaba assumindo maior importância dramática. Seus espetáculos eram apresentados por volta das 13h, a céu aberto, com o palco projetado para frente e espectadores em volta, de modo que a relação interativa entre atores e público mostrava-se bastante forte. Como a compreensão do personagem dependia apenas de sua fala, pois não havia a figura de um narrador para esclarecer os fatos, exigia-se muita imaginação por parte dos espectadores. O fato de os atores serem todos do sexo masculino explicava a predominância dos papéis não femininos nas peças.[6]

Em 1596, seu filho de 11 anos, Hamnet, morre. E, depois de um ano, Shakespeare adquire a mansão New Place, em Stratford, na época considerada a segunda maior casa da cidade, onde viveu até a sua morte. Em 1598, seu nome aparece como ator na comédia *Every Man in his Humour*, de Bem Jonson. Em 1599 ele muda-se para Southwark, época em que é construído o *Globe* na margem sul do Tâmisa. Shakespeare torna-se sócio desta famosa casa teatral, que passou a acolher dois mil espectadores. Em 1605, ele compra parte dos dízimos da cidade de Stratford, o que lhe dá direito de arrecadar dinheiro de todas as terras que foram propriedade da Igreja católica.

No dia 13 de abril de 1616, Shakespeare falece em Stratford-upon-Avon, sendo enterrado na Igreja da Santíssima Trindade.[7]

Não há uma cronologia exata de suas obras, mas existe certa subdivisão temática feita pelos estudiosos, de acordo com os elementos de estilo que se mostram semelhantes em suas peças. Sua obra se inicia com o único gênero que ele criou, a "dramaturgia histórica". Nesta não há, propriamente, a descrição rigorosa de um fato histórico, mas uma construção dramática do mes-

---

5 HELIODORA, Bárbara. *Op. cit.*, 2008, p. 13.

6 HELIODORA, Bárbara. *Op. cit.*, 2008, p. 26.

7 HELIODORA, Bárbara. *Op. cit.*, 2008, p. 31.

mo, visando precipuamente discutir quais seriam os elementos de um bom ou mau governo. Mesmo as peças não históricas não são originais, no sentido estrito, pois sempre foram criadas a partir de poemas ou relatos já conhecidos do público. No entanto, sua reinterpretação dramática é sempre inovadora. Além das peças históricas, Shakespeare é considerado um autor que transita entre os gêneros comédias alegres, comédias sombrias, tragédias e romances. Ainda que variando na composição mais ou menos otimista, há uma constância de temas que se atualizam em suas peças, tais como aparência e realidade, generosidade, dissimulação, egoísmo, inveja, amor, amizade, poder, violência e legitimidade política.

Apesar de estar conectado ao seu tempo e a sua cultura, em termos históricos, Shakespeare acabou por transcender a sua própria época, tornando-se atemporal em virtude de seus mais de oitocentos personagens incorporarem emoções e complexidades humanas, sem maniqueísmos idealistas e simplificadores. O mundo mudou, tornou-se mais complexo em termos políticos, sociais, tecnológicos e econômicos, mas os núcleos da interação humana política e os elementos psicológicos permanecem constantes. Por isso, é comum que nos palcos londrinos seja encenado o texto clássico aliado a costumes e cenários atuais. Nesta contemporaneidade reside sua madura forma humanista de produção artística, que não parte de idealismos teóricos abstratos, que somente valorizam o "homem bom", e nos ensina a ter compaixão diante da perene imperfeição humana. Com o bardo, sabemos que nossas ações têm consequências que podem ser imprevisíveis e moldar o nosso futuro, mas, muitas vezes, não percebemos o nosso contexto interativo com clareza e amplitude. Na *performance,* a onisciência do espectador é muito maior que a dos personagens no palco, por isso seu teatro teria um elemento pedagógico primordial. Devemos recordar sempre que, no palco real da vida, somos tão precários e linguisticamente míopes quanto os personagens que vimos no espetáculo. Ademais, é preciso amadurecer e abandonar a ideia simplista de que o mal sempre está no outro, pois todos nós somos bons e maus, habitamos uma zona cinzenta de moralidade.

De acordo com a análise de José Garcez Ghirardi, existiria, no teatro shakespeariano, uma percepção da existência de uma incompatibilidade crescente entre as formas medievais e teocêntricas de pensar o mundo em termos simbólicos e sua prática social já estruturada em termos racionais da modernidade. Neste sentido, haveria semelhanças entre a era elisabetana (começo da modernidade) e o nosso mundo pós-moderno (fim da modernidade), que também vivenciaria, no plano prático das relações sociais, a falência dos modelos simbólicos institucionais voltados para a afirmação da modernidade.[8] É em contexto semelhante de reflexão que localizamos a importância da temática do poder e da autoridade jurídica nas peças de Shakespeare, que estamos estudando há mais de catorze anos, por meio de cursos de Pós-graduação e projetos de pesquisa. A nosso ver, o elemento interativo do poder traz luz ao problema da incompatibilidade existente entre o simbólico e o vivido, fazendo alusão à crise de legitimidade, não apenas relacionada ao mundo elisabetano, mas também à nossa pós-modernidade, na qual a figura do Estado moderno vem perdendo a sua imperatividade.

Os temas da legitimidade do poder jurídico, da violência e do aspecto político do homem perpassam a obra de Shakespeare, evoluindo em complexidade com o passar dos anos e com o amadurecimento político do autor. As peças históricas iniciais, conhecidas como "primeira tetralogia" (*Henrique VI, partes I, II e III e Ricardo III*) ainda manifestam grande influência da visão teológica do poder, sustentada na visão do direito divino, que não admitia a desobediência dos súditos. Todavia, a chamada "segunda tetralogia" histórica *(Ricardo II, Henrique IV, partes I e II e Henrique V)*, inaugurada com a peça Ricardo II, evidencia que um novo tratamento político mais complexo aparece e supera a visão dominante medieval em torno do poder. Ocorre a superação de sua formação político-religiosa tradicional, baseada nas famosas homilias lidas nas igrejas, elaboradas pela dinastia Tudor. Agora, uma nova visão interativa do poder está presente e uma ideia de legitimidade é sustentada pelo equilíbrio da ação entre governantes e governados. Existe a percepção de que o abuso nesta relação, por parte dos governantes, pode provocar uma ruptura subversiva dos subordinados. Nas peças inspiradas na história romana, há um aprofundamento do estudo crítico do tema do poder, descolado da visão medieval, em virtude delas não se vincularem, diretamente, à realidade inglesa da época, ainda calcada na ideia de direito divino.

O intuito deste livro é fazer uma análise interdisciplinar do tema da legitimidade do poder jurídico-político, estabelecendo um diálogo entre quatro peças de Shakespeare e teorias contemporâneas que destacam o elemento interativo do poder, vinculado ao uso da comunicação, que superam as visões dogmático-jurídicas tradicionais. Primeiramente, traçaremos uma discussão em torno do tema da interdisciplinaridade jurídica e sua relação com Shakespeare. Depois analisaremos quatro peças que também foram estudadas em *performances* concretas, desenvolvidas no teatro londrino entre os anos de 2000 e 2011. Escolhemos, inicialmente, a peça histórica *Ricardo II* por ela ser

8 HELIODORA, Bárbara. *Op. cit.*, 2008, p. 31.

uma ousada e inusitada releitura crítica e interativa da ideia de legitimidade do direito divino. A seguir, exploraremos duas grandes peças romanas, *Júlio César e Coriolano,* nas quais a temática do poder político-jurídico é tratada de forma rica e vinculada à linguagem. E por último, estudaremos aquela que é considerada sua última peça, *A tempestade,* em que o caráter fabular confere mais realidade e liberdade para resumir, e, ao mesmo tempo, ampliar, em termos humanos, o tema do poder, tratado nas obras anteriores.

Sumario

Capítulo 1

O diálogo entre Shakespeare e a Teoria Crítica do Direito como estudo interdisciplinar

Se for necessário apresentar motivos pelos quais se deva ler Shakespeare hoje em dia, todos eles poderão ser encontrados em sua capacidade de investigar e compreender a fundo os processos do ser humano, tanto na condição de indivíduo, como de integrante de um corpo social. O bem comum da comunidade é o primeiro referencial de todas as obras teatrais shakespearianas, sejam elas comédias, peças históricas ou tragédias[1].

O estudo interdisciplinar, que relaciona Direito e arte está presente na seara do enfoque teórico zetético jurídico como forma profícua da expansão da pesquisa jurídica. Ao contrário dos estudos teóricos dogmáticos e práticos, esta forma de reflexão não se ocupa das questões ligadas a decidibilidade de conflitos. Em caráter distinto, está vinculada com a ampliação crítica dos conhecimentos em torno do fenômeno jurídico, focando questões sociais, políticas, filosóficas e também estéticas. No entanto, esses enfoques acabam se relacionando, na medida que não é possível desenvolver uma hermenêutica dogmática prática sem que haja uma visão do conhecimento de toda a complexidade que cerca o fenômeno jurídico. Daí a necessidade de valorizar um estudo interdisciplinar e **crítico** no seu campo temático.[2]

1 HELIODORA, Bárbara. *Op. cit.*, 2008, p. 8.

2 FERRAZ JR., *Tercio Sampaio. Introdução ao Estudo do Direito: técnica, decisão, dominação,* 4ª edição, São Paulo: Atlas, 2003, p. 21.

O enfoque teórico zetético investiga um problema tendo em vista uma preocupação cognitiva e especulativa infinita, visando à ampliação dos conhecimentos humanos. Por isso, do ponto de vista metodológico, acentua o *aspecto pergunta*, problematizando, de uma forma aberta, todos os conceitos analisados, tendo em vista a questão da verdade ou daquilo que as coisas são. Para tanto, parte de premissas, evidências que podem ser seguras (leis) ou relativas (hipóteses), mas que devem ser verificadas e comprovadas como verdadeiras ao longo do mutável processo histórico. Como as premissas, apesar de funcionarem como pontos de partida, também participam do processo investigativo, elas podem ser substituídas ao longo da pesquisa, caso se mostrem equivocadas ou inapropriadas. Embora toda pergunta almeje encontrar a sua resposta efetiva, se houver impossibilidade cognitiva para o feito, as questões podem ficar sem resposta, com toda a naturalidade, já que são as premissas que devem estar adequadas ao problema analisado, com abertura crítica total.[3] Por esta sucinta caracterização, vemos que o enfoque zetético tem um alcance bastante amplo, surgindo historicamente com o evoluir do pensamento filosófico, que embasou a racionalidade científica ocidental. Atualmente, formas de raciocínio zetético interdisciplinares compõem todas as ciências (humanas, exatas e biológicas) e o próprio raciocínio filosófico, que, desde a Antiguidade greco-romana, vem constituindo um pensamento especulativo questionador do senso comum imposto sem compromissos diretos com a ação. O estudo da relação estética entre arte e teoria do Direito figura em posição de destaque nesta empreitada interdisciplinar. Como podemos defini-la com mais rigor?

Segundo Hilton Japiassu, em sua obra clássica intitulada *Interdisciplinaridade e patologia do saber*, as relações interdisciplinares figuram, em primeiro lugar, como uma exigência interna das ciências humanas, como uma forma de aprimoramento da realidade que elas visam conhecer. Mas também se impõem como uma exigência externa, ou seja, como uma forma do homem responder às necessidades da ação por meio de uma interpretação global da existência humana. Para o autor, conhecimento e ação devem se conjugar de forma dinâmica; ele critica o puro conhecimento enciclopédico desvinculado da realidade que nos cerca.

Segundo suas palavras:

> *Deve-se ultrapassar a dissociação entre o domínio do pensamento teórico e da ação informada. Sua exigência revela, não o real progresso, mas o sintoma de uma situação patológica em que se encontra o saber. O número de especializações exageradas e a rapidez de fragmentação de cada uma culmina numa fragmentação do homem epistemológico. O saber foi esmigalhado, a inteligência se esfacelou, a*

3 FERRAZ JR., *Tercio Sampaio*. Op. cit., 2003, p. 41.

> *razão perdeu a razão, desequilibrando a personalidade humana em seu conjunto.*[4]

O caráter interdisciplinar pode ser visto como uma espécie de "remédio" mais adequado à "cancerização" ou à "patologia" geral do saber. No entanto, o autor alerta que, caso estas análises permaneçam superficiais, os remédios propostos também não atingirão o fundo doentio das coisas, podendo até a torná-las mais graves. Neste sentido, afirma o autor:

> *Parece-nos que o grande desafio consiste tanto numa reorganização metódica dos estudos e das pesquisas, quanto da tomada de consciência sobre o sentido da presença do homem no mundo. É semelhante atitude que nos leva a conhecer o "fenômeno" interdisciplinar como uma maneira de encarar a repartição epistemológica do saber em disciplinas e das relações entre elas, pois se trata de uma das mais significativas mudanças que afetam, em nossa cultura, as démarches da inteligência e as formas de seu discurso.* [5]

A interdisciplinaridade tem por característica essencial a incorporação dos resultados de várias disciplinas, tomando-lhe de empréstimo esquemas conceituais de análise a fim integrá-los, depois de havê-los comparado e julgado. Envolve a troca generalizada de informações no meio científico, ampliando a sua formação geral, questionando a acomodação dos cientistas em seus pressupostos implícitos. Engaja o trabalho em equipe e a educação permanente, na forma de uma reciclagem continuada, no intuito de preparar melhor os indivíduos para a vida profissional, que cada vez mais exige uma formação polivalente.[6] No entanto, Japiassu alerta que esta nova metodologia pode estar sujeita a modismos inconsistentes, e, nesse sentido, poderia ser difícil apreendê-la com rigor, já que seu domínio é vasto e complexo.[7]

O autor traça considerações críticas ao papel das universidades, que fragmentaram o "saber em migalhas", pulverizado em um número crescente de especializações, promovendo o divórcio esquizofrênico entre uma universidade cada vez mais compartimentada e uma realidade dinâmica sempre percebida em um todo concreto e indissociável. As instituições de ensino superior têm feito tudo o que podem para limitar e condicionar os indivíduos a funções estreitas e repetitivas, impedindo que suas potencialidades intelectuais desabrochem.[8]

---

4 JAPIASSU, Hilton. *Interdisciplinaridade e patologia do saber*. Rio de Janeiro: Imago Editora, 1976, p. 29 e 30.

5 JAPIASSU, Hilton. *Op. cit.*, p. 31.

6 JAPIASSU, Hilton. *Op. cit.*, p. 32 e 33.

7 JAPIASSU, Hilton. *Op. cit.*, p. 42.

8 JAPIASSU, Hilton. *Op. cit.*, p. 43.

Consideramos as críticas de Japiassu extremamente atuais em relação ao que ocorre no ensino do Direito em geral, em que, nos cursos de graduação, ainda prevalece o estudo dogmático jurídico, visto de forma distorcida e alijado de teorias jurídicas críticas próximas à realidade social. Sabemos que o estudo dogmático jurídico se compõe de uma estratégia persuasiva e tecnológica de aceitação acrítica da validade das normas postas, visando a sua aplicação prática na decisão de conflitos. Todavia, esta artificialidade não pode ser confundida com a efetiva exclusão da realidade e com o desprestígio das teorias que estudam o direito com o viés mais crítico e real. Ao contrário, sabemos que um competente raciocínio dogmático, com efetivo poder de persuasão, buscando viabilizar a tomada de decisões, tem por base cognitiva a boa formação crítica das chamadas teorias zetéticas, que resultam da integração entre o Direito, a Filosofia e demais ciências humanas.

Só aquele que tem um raciocínio crítico e alargado sobre o Direito consegue fazer os recortes estratégicos necessários no campo da interpretação dogmática. Somente o indivíduo que conhece a linguagem jurídica, do ponto de vista crítico, consegue manipulá-la e conformá-la em prol da captação da adesão do seu interlocutor. No atual mundo complexo e globalizado, vivenciamos problemas de legitimidade jurídico-política que, muitas vezes, colocam em xeque a própria imperatividade das leis estatais. Isto exige do estudioso, e do futuro prático, uma visão alargada e interdisciplinar dos estudos jurídicos. Embora a atual divisão curricular das faculdades de Direito favoreça, teoricamente, o equilíbrio entre disciplinas de cunho zetético e dogmático jurídico, na prática do ensino ainda se observa uma falta de integração efetiva entre elas.

1.1. A interdisciplinaridade como prática epistemológica

Japiassu destaca que o campo das pesquisas interdisciplinares parece desafiar toda e qualquer tentativa de definição. Normalmente, as pesquisas se iniciam por um esforço multidisciplinar, como mera junção de saberes, e depois passam a reivindicar o status de uma categoria científica. Embora o autor ressalte que não devemos ter a ingenuidade de considerar a interdisciplinaridade o método científico, por excelência, como sendo o único capaz de resolver todos os problemas, podemos perceber e destacar o seu valor epistemológico e educativo nos dias atuais. [9]

O desenvolvimento da ciência interdisciplinar faz a adequação do saber fragmentado, artificialmente cortado, a uma realidade global e multidi-

9 JAPIASSU, Hilton. *Interdisciplinaridade e patologia do saber*. Rio de Janeiro: Imago Editora, 1976, p. 52.

mensional. Atende também a uma ampliação profissional: ela responde à necessidade de formar profissionais que não sejam "especialistas de uma só especialidade". Atende a uma demanda social crescente que reclama uma universidade que estude temas que não podem permanecer encerrados nos compartimentos das disciplinas já existentes. O objetivo ideal, a ser alcançado pela interdisciplinaridade, seria o de descobrir, nas ciências humanas, as leis estruturais de sua constituição e de seu funcionamento, isto é, o seu denominador comum. Para isso, deve haver um confronto dialético de disciplinas. Contudo, Japiassu faz o importante alerta de que seria falso postular que ela possa resultar de uma simples reunião, adição ou coleção de várias especialidades ou da simples tomada de posição teórica de especialistas.

A interdisciplinaridade explora as fronteiras entre as disciplinas (que de forma equivocada tornaram-se feudos intelectuais) e a zona intermediária entre elas. Procede do desejo de uma nova adequação das atividades universitárias às necessidades socioprofissionais ou econômicas. As ciências humanas aparecem desvinculadas do homem e incapazes de compreender e remodelar o mundo dos objetos formais e técnicos.[10]

Pela tradição epistemológica, uma disciplina define-se pela progressiva exploração científica especializada em certa área ou domínio homogêneo de estudo. Uma disciplina deverá, antes de tudo, estabelecer e definir suas fronteiras constituintes, que irão determinar seus objetos materiais e formais, seus métodos e sistemas, seus conceitos e teorias. Nas ciências naturais há um amplo acordo quanto aos métodos a serem utilizados, já nas ciências humanas reina a confusão. [11]

Segundo Japiassu, a primeira e mais radical justificativa de um projeto de pesquisa interdisciplinar que ultrapasse o quadro de diferentes disciplinas científicas deve ser procurada na complexidade dos problemas aos quais somos, hoje em dia, confrontados para chegar a um conhecimento do humano, se não em sua integridade, pelo menos em uma perspectiva de convergência de conhecimentos parcelares. Conscientemente ou não, os especialistas decompõem o homem em pedaços. [12]

A expressão "interdisciplinaridade" surge de um neologismo cuja significação nem sempre é a mesma, e seu papel muitas vezes não é compreendido

---

10 JAPIASSU, Hilton. *Op. cit.*, p. 59.

11 JAPIASSU, Hilton. *Op. cit.*, p. 61.

12 JAPIASSU, Hilton. *Op. cit.*, p. 62.

da mesma forma. Ela ocorre quando a colaboração entre várias disciplinas conduz a interações, isto é, a uma determinada reciprocidade de intercâmbios, de tal forma que, no final do processo interativo, cada disciplina saia enriquecida, podendo gerar a criação de uma *matéria interdisciplinar.* Ela não é uma associação quantitativa, pois deve conseguir incorporar os resultados de várias especialidades, fazendo a integração e a convergência depois de tais resultados serem comparados e julgados. Neste sentido, vai além de um estudo multidisciplinar, e, também, supera uma pesquisa *pluridisciplinar*, que agrupa disciplinas sem fazer as devidas relações ou realizar uma integração nova. A etapa mais ambiciosa e superior seria alcançada pela *transdisciplinaridade* que não se contenta em atingir interações ou reciprocidade, inserindo essas ligações em um sistema total, sem fronteiras estabelecidas entre as disciplinas. Trata-se de um "sonho" de chegar a uma axiomática geral. [13]

A interdisciplinaridade pode atravessar as disciplinas visando à existência de um novo paradigma ou de um novo modo de coexistência e diálogo entre os filósofos e as ciências humanas e naturais. Ela pode ou não constituir uma nova disciplina, mas passa pelo conhecimento disciplinar e dele se alimenta. Tenta resgatar o sentido enciclopédico grego, pondo em círculo pedagógico todas as esferas do saber. A interdisciplinaridade permite ensinar, aprender e praticar.

Segundo Japiassu, a ciência interdisciplinar possibilita um novo nível de comunicação entre a ciência e a filosofia, abandonando os velhos caminhos da racionalidade tradicional, deixando de lado as pretensões imperialistas. Não haveria nenhum interdito das ciências humanas contra a filosofia, que abandona a sua posição hegemônica para dialogar com os demais saberes. Embora a questão da verdade perdure, ela se conscientiza de que não pode produzir nenhuma verdade de forma isolada. [14]

O universo é muito mais rico do que podem concebê-lo nossos sistemas lógicos. As disciplinas não têm conseguido superar a partilha das propriedades no reino dos saberes. A interdisciplinaridade terá condições de inscrever relações efetivamente dialógicas no cerne das ciências e de seu processo de elaboração. Ela poderia reunir vários especialistas em torno da tentativa de solução de um problema comum e se afirmaria como a transversalidade entre a ciência, a filosofia, o social, o político e o estético.[15]

---

13 Sobre o tema da transdisciplinaridade, ver JAPIASSU, Hilton. *O sonho transdisciplinar e as razões da filosofia.* Rio de Janeiro: Imago, 2006.

14 JAPIASSU, Hilton. *Interdisciplinaridade e patologia do saber.* Rio de Janeiro: Imago, 1976, p. 70.

15 JAPIASSU, Hilton. *Op. cit.*, p. 71.

O todo só se realiza nas partes e as partes no todo. O homem poderia se reconciliar com a natureza, haveria a criação de um novo paradigma, na forma de um reencantamento do mundo, que integrasse razão e sensibilidade, já que a unidade que se busca é a de um princípio de coerência básico (terceiro excluído) e de uma razão discriminante. Japiassu faz um alerta:

> *Numa sociedade em mutação acelerada como a nossa, onde o homem perdeu quase todos os seus referenciais, todos acreditam que a questão da unidade precisa ser posta, porque somos obrigados a enfrentar a ultra especialidade dos saberes e a desagregação dos vínculos sociais e políticos em favor de um neotribalismo conduzindo a atomização de nosso conhecimento e de nossa identidade humana.* [16]

Japiassu entende que, depois dos horrores da Segunda Guerra Mundial e da loucura dos regimes totalitários, fica difícil acreditarmos no triunfo absoluto da razão e que a moral seria regida por seus imperativos e pelas leis das ciências. Em uma sociedade tecnocrática, as decisões políticas e sociais são tomadas pelos *experts*: os cientistas e os técnicos pretendem resolver os problemas sem a necessidade de se negociar o que será decidido. Em nome de imperativos tecnocientíficos, ou de mercado, negligencia-se a ética e a política; há um "abuso de saber e de poder". O poder cada vez mais se vê apropriado por uma tecnocracia, na qual não há qualquer negociação democrática.[17]

A filosofia não deve mais ser entendida como uma *disciplina* no sentido fechado e especializado do termo, mas como exercício da *reflexão* sobre todos os problemas da experiência e dos conhecimentos humanos. O pensamento da complexidade recompõe uma visão de realidade suscetível de religar os saberes diversos sem fundi-los em uma hipotética síntese global, como um modo de integrar a desordem, o incerto, e o acaso no conhecimento do real.[18]

A interdisciplinaridade não é apenas um conceito teórico; cada vez mais, ela se impõe como prática. Em primeiro lugar, aparece como prática individual, de curiosidade, de abertura, de descoberta, e, enquanto prática individual, a interdisciplinaridade não pode ser *apreendida*, apenas *exercida*. Ela é fruto de um treinamento contínuo, de um afinamento sistemático de estruturas mentais. Em segundo lugar, ela aparece como prática coletiva, no nível da pesquisa, e não pode haver confronto sólido entre as disciplinas sem o concurso efetivo de representantes altamente qualificados de cada uma delas. É preciso que todos estejam abertos ao diálogo. [19]

---

16 JAPIASSU, Hilton. *Op. cit.*, p. 73.

17 JAPIASSU, Hilton. *Op. cit.*, p. 75 e 76.

18 JAPIASSU, Hilton. *Op. cit.*, p. 16.

19 JAPIASSU, Hilton. *Op. cit.*, p. 82.

As ciências do homem caracterizam-se por uma ausência de hierarquia, ao contrário das ciências naturais, que têm um tronco comum (passamos da Matemática à Mecânica, depois da Física à Química). Cada especialista das ciências naturais necessita de uma sólida preparação nas disciplinas que precedem a sua e tem a necessidade de colaborar com os especialistas das disciplinas posteriores.[20]

Tais reflexões de Japiassu nos levam a pensar no papel da arte como expressão da prática interdisciplinar, tema específico desta pesquisa. É o que estudaremos a seguir.

1.2. Emoção e conhecimento interdisciplinar: uma parceria possível

Segundo Edgar Morin, a maior contribuição, em termos epistemológicos, do século XX, foi o conhecimento dos limites do conhecimento. A maior certeza percebida é a indestrutibilidade das incertezas. Neste sentido, o autor destaca a necessidade de se fazer a convergência de diversos ensinamentos, mobilizar diversas ciências e disciplinas para enfrentar as incertezas, revendo os axiomas da lógica clássica, bem como a racionalidade científica tradicional. Percebemos pontos de convergência com o pensamento de Japiassu, mas Morin dá mais destaque ao papel da arte na composição interdisciplinar do conhecimento.[21]

As incertezas cognitivas estão referidas a três elementos básicos. Há um elemento cerebral, pois o conhecimento não apenas traduz, mas constrói o real, existindo sempre a chance de erro. Há um elemento físico, que de certa forma se liga ao primeiro; o conhecimento dos fatos depende, de forma permanente, da interpretação. Por fim, ele menciona a incerteza mais filosófica de todas, que diz respeito à crise dos fundamentos da certeza na Filosofia e nas ciências, conforme detalhamos no item anterior ao expor o pensamento de Japiassu.[22]

A incerteza tem origem histórica e mostra o caráter caótico da condição humana, marcada por destruições irremediáveis. Segundo o autor, não há como submeter a história a um determinismo econômico-social ou levá-la a obedecer a um progresso. Estamos destinados à incerteza do futuro. As grandes guerras mundiais e as rupturas, por exemplo, foram inesperadas.[23]

Morin propõe que haja um permanente e sincero diálogo com a incerteza e diz que pensar bem é estar consciente da *ecologia da ação*. Toda ação,

---

20 JAPIASSU, Hilton. Op. cit., p. 84.

21 MORIN, Edgar. *A cabeça bem-feita, repensar a reforma, repensar o pensamento.* Rio de Janeiro: Bertrand Brasil, 2000, p. 55 e 56.

22 MORIN, Edgar. *Op. cit.*, p. 59.

23 MORIN, Edgar. *Op. cit.*, p. 61

uma vez iniciada, entra em um jogo de interações e retroações no meio em que é efetuada, que podem desviá-la de seus fins e até levar a um resultado contrário ao esperado. As consequências da ação são imprevisíveis. [24]

O papel da educação não seria apenas o de transmitir informações e conhecimentos sempre mais numerosos aos alunos, mas o de promover a transformação existencial do conhecimento adquirido em sapiência, que deve ser incorporado por toda a vida. Nesta perspectiva, destaca-se a importância da cultura de humanidades, exposta nas manifestações artísticas. [25]

Morin considera Shakespeare um marco epistemológico, pois, desde a exposição de sua obra teatral, sabe-se que uma única obra literária alberga um infinito cultural que engloba ciência, história, religião, ética e outros saberes. É no romance, no teatro e no filme que percebemos que o racional *homo sapiens* é, ao mesmo tempo, indissoluvelmente, o emotivo *homo demens*. A existência revela a sua miséria e sua grandeza trágica, com o risco do fracasso, do erro e da loucura. No romance ou no espetáculo cinematográfico, a magia do livro ou do filme nos faz compreender o que não compreendemos na vida comum, na qual percebemos os outros de forma exterior; ao passo que, no palco, na tela e nas páginas do livro eles surgem com todas as dimensões subjetivas e objetivas.[26] O teatro serve de ligação entre o *homo sapiens* e o *homo demens*.

As teorias críticas do Direito apresentam muitas discussões que envolvem temas humanos e problemáticos, vivenciados pela reflexão interdisciplinar de forma muito impactante. A diferença entre "direito", "poder" e "violência" e o problema da legitimidade, por exemplo, têm uma natureza racional-afetiva profunda. É possível fazer uma convergência temática de textos jurídico-críticos e obras artísticas, mas a leitura estrutural e profunda tem de ser desenvolvida nas duas linguagens, com seriedade.

Em nossa leitura interdisciplinar, Shakespeare faz uma abordagem interativa e pragmática do poder, que superou a visão teológica do direito divino, dominante em sua época, na qual se fortaleciam as monarquias nacionais. Por meio de uma linguagem dramática, percebe-se que o poder não é uma substância, nem é confundido com a violência, mas sim um fenômeno linguístico da comunicação. Em várias peças, discutem-se quais seriam os pressupostos e as ações nascidas da

---

24 MORIN, Edgar. *Op. cit.*, p. 63.

25 MORIN, Edgar. *Op. cit.*, p. 55 e 56.

26 MORIN, Edgar. *Op. cit.*, p. 49.

preocupação com a organização e os interesses do Estado e a conduta dos governantes e governados que afete ou que seja afetada por tais ações ou pressupostos. Aceitamos a premissa de que justamente o tempo de afirmação das monarquias nacionais é precipuamente político na Europa Ocidental.

No pensamento de Edgar Morin, a compreensão humana nos alcança quando sentimos e concebemos os homens como sujeitos que têm tristezas e alegrias. E também quando identificamos no outro os mecanismos egocêntricos de autojustificação que estão em nós mesmos. É a partir dela que podemos lutar contra o ódio e a exclusão. Toda a percepção é uma tradução reconstrutora realizada pelo cérebro, a partir de terminais sensoriais. Nenhum conhecimento pode dispensar interpretação. Cada um pode produzir a mentira para si mesmo, por meio de um egocentrismo justificador e a transformação do outro em "bode expiatório" de suas frustrações. [27]

Morin destaca que, a partir do século XVIII, a racionalidade passa a ser vista como uma disposição mental que suscita um conhecimento objetivo do mundo exterior, elaborando estratégias eficazes, realizando análises críticas e opondo um princípio de realidade ao princípio do desejo. Os avanços da ciência, da técnica e da economia confirmam a sua eficácia. No entanto, citando Platão e Freud, entende que a especificidade racional é insuficiente porque ignora a loucura, a afetividade, o imaginário, o mitológico, o lúdico e o religioso. Menciona um interessante paradoxo: "Seria irracional, louco e delirante ocultar o componente irracional, louco e delirante do humano."[28]

O homem apresenta-se como *homo sapiens, faber e economicus*. No entanto, destaca Morin, o *homo faber* também é *killer*, o *homo sapiens* exterminou os neandertalenses que viviam na Europa desde dezenas de milhares de anos antes de sua chegada. A partir dos poderes da ciência e da técnica, que trouxeram avanços materiais, o *homo sapiens* lançou-se à conquista mortal do planeta, extinguindo os índios e criando a escravidão. Nota-se que a agressividade tem estado presente na história humana, em conflitos religiosos e ideológicos. Porém, existem algumas ilhas de bondade.[29]

Ainda segundo o autor, o homem tem uma natureza ambígua, ele é, ao mesmo tempo, racional e irracional. Temos o que Morin chama de dialógica

---

27 MORIN, Edgar. *Op. cit.*, p. 53.

28 MORIN, Edgar. *Op. cit.*, p. 117.

29 MORIN, Edgar. *Op. cit.*, p. 117.

homo sapiens-demens. Por meio de leis jurídicas e da inculcação, desde a infância, no espírito dos indivíduos, de normas e interdições, a agressividade é inibida por regras de cortesia, também. Todavia, uma atitude agressiva ou uma humilhação despertam a nossa agressividade, o amor pode se transformar em ódio e romper controles.[30] O tema do poder tratado neste livro põe em evidência a presença do *homo sapiens-demens* destacado por Morin. Elias Canetti, em um instigante livro intitulado *Massa e Poder*, faz observações contundentes e originais a respeito do fenômeno do poder, enquanto algo intrinsecamente relacionado ao universo humano, em seus vários aspectos. Há confluência com o pensamento de Morin, no estudo da irracionalidade humana. A partir de uma aguçada observação dos fenômenos naturais e do comportamento dos animais, Canetti mostra como as relações de poder que os homens estabelecem entre si são muito semelhantes às do meio natural em que vivem, tendo, portanto, uma origem biológica. O natural e, aparentemente, inocente processo biológico da digestão, que afeta a todos os humanos e lhes garante a sobrevivência, oculta uma terrível relação de poder entre dois seres, ou seja, entre o ser que "engole" e o ser que é "engolido", que se concretiza no momento em que este último perde a sua forma, ao ser incorporado àquele que o digeriu. Isto, acrescenta o autor, faz com que cada um de nós, ainda que inconscientemente, reconheça o excremento como uma espécie de prova do nosso pecado cotidiano ininterrupto, que nos garante a manutenção da vida. Por isso, ele causa vergonha a todos nós, fazendo com que seja conveniente nos livrar dele de uma forma isolada.[31] Canetti afirma:

> *Os excrementos que restam no final estão carregados com todas as nossas culpas de sangue. Por eles podemos reconhecer que cometemos assassinatos. São a totalidade concentrada dos indícios existentes contra nós mesmos. Exatamente como nossos pecados cotidianos, contínuos e jamais interrompidos, eles fedem e clamam aos céus. Chama a atenção o modo como nos desfazemos deles. Desfazemo-nos deles em lugares próprios, destinados unicamente a este fim; o mais privado de todos os momentos é o da excreção; ficamos realmente a sós com nossos excrementos. É claro que nos envergonhamos deles. Eles são o sinal antiquíssimo daquele processo que ocorre num plano oculto e que sem este sinal permaneceria oculto.*[32]

Fazendo uma analogia com as relações políticas, ele diz que os homens, no momento em que almejam ser superiores, conscientemente, não hesitam

---

30 MORIN, Edgar. *Op. cit.*, p. 118.

31 CANETTI, Elias. *Massa e poder. Brasília:* Ed. Universidade de Brasília, 1983, p. 209.

32 CANETTI, Elias. *Op. cit.*, p. 209.

em rebaixar seus semelhantes, surrupiando-lhes os direitos e a capacidade de resistir a fim de torná-los impotentes, como se eles realmente fossem suas "presas". Este "consumo", muitas vezes, é feito de forma sutil, de modo que a "incorporação" não seja percebida enquanto tal. Todavia, no momento que as "presas" não tiverem uma utilidade, elas serão facilmente postas de lado. Estas relações de poder, que degradam os homens à condição de "animais criados para serem abatidos", na maioria das vezes, permanecem ocultas aos olhos da sociedade, que pode, ingenuamente, pensar que está sendo "alimentada". Afinal, diz Canetti, "bastante fácil é, pois, não enxergar o cerne de tais processos, uma vez que o homem também mantém animais que não mata de imediato, ou não mata nunca, pois lhe são mais úteis para outras coisas".[33]

O autor também nos chama a atenção para o fato do fenômeno do poder ser desenvolvido às escondidas e estar relacionado com a ideia de ocultação. Deste modo, também reconhece a importância da utilização de "máscaras" como meio de dissimulação e os "perigos" do súbito desmascaramento. Temos, segundo ele, um curioso "jogo de máscaras", em que um tenta combater a dissimulação do inimigo com a própria dissimulação. "Vencerá" aquele que for mais veloz na retirada das máscaras, pois o "detentor do poder", bem consciente da sua constante simulação, somente pode esperar a mesma coisa por parte de seus semelhantes.[34]

Além de permanecer oculto, podemos dizer que o poder tem de ser mais genérico e mais vasto que a força, que está mais próxima e presente, na medida que exerce um poder coercitivo imediato. O ato de agarrar a presa constitui um ato de força, que pode se transformar em poder, caso dure o bastante. Assim, a força precede a relação de poder, a qual é mais complexa e exige mais habilidade e paciência. Quando o gato subitamente captura o rato, ele subjuga-o pela força, mantendo-o preso. Todavia, a situação se altera no momento que o felino começa a brincar com o roedor. Ele o solta e permite que se locomova livrando-o da coação da força. No entanto, este "espaço concedido" não constitui uma liberdade real para o rato, na medida que o gato dispõe do poder de alcançá-lo quando desejar. O espaço delineado pela sombra do gato, os instantes de esperança de sobrevivência que concede ao rato, bem como a estrita vigilância, direcionada a uma possível destruição do rato constituem o corpo do poder. Além de estar oculto, ele está ligado à ideia de controle, com interesse destrutivo, que exige uma ampliação do espaço e do tempo. Neste sentido, a prisão apareceria como

---

33 CANETTI, Elias. *Op. cit.*, p. 208 e 209.

34 CANETTI, Elias. *Op. cit.*, p. 284.

um modelo de poder, que teria surgido a partir da ampliação da boca, que simboliza o espaço do uso da força em primeiro plano.[35]

Também em confluência com Morin, citamos o pensamento de Zygmunt Bauman, pois para este pensador o mal está ligado à irracionalidade do homem. Por isto a pergunta "o que é o mal?" é irrespondível, porque tendemos a chamar de mal algum tipo de *iniquidade* que não podemos entender nem articular claramente, muito menos explicar de modo satisfatório. Podemos apenas dizer que é um crime, tendo em vista um código jurídico que o criminoso infringe.[36]

Podemos também afirmar que o mal é um pecado, porque temos uma lista de mandamentos cuja violação torna os praticantes pecadores. Todavia, recorremos à ideia de mal quando não conseguimos apontar qual regra foi quebrada ou contornada pela ocorrência de um ato para o qual procuramos um nome adequado. A razão é um atributo permanente e universal dos seres humanos, mas ela se torna impotente quando se trata de inserir o mal na ordem do inteligível.[37]

Os filósofos modernos acreditavam que as mãos humanas, uma vez equipadas com extensões cientificamente planejadas e tecnologicamente fornecidas, chegariam mais longe. O número de males cairia porque a razão dominaria o lado violento do homem. A esperança de que a racionalidade colocasse a humanidade longe da natureza cruel não foi bem-sucedida. Os males produzidos por seres humanos são tão inesperados como os seus predecessores/sucessores naturais. Bauman refere-se explicitamente ao exemplo histórico de Auschwitz. Nas palavras do autor:

> *Os males ganham força e infiltram-se de modo gradual, em silêncio, por estágios aparentemente inofensivos, como uma corrente subterrânea que se dilata e se amplia antes de emergir de modo súbito e impetuoso, tal como fazem as catástrofes naturais.*
> *Antes de Auschwitz não sabíamos como o mal moral pode ser transformado em natural, como nem só monstros cometem crimes monstruosos. O terrível é saber que qualquer um de nós poderia ter ficado de sentinela em Auschwitz.*

Em uma perspectiva psicanalítico-marxista semelhante, Herbert Marcuse destaca que o progresso técnico (domínio da natureza) e quantitativo se opõe ao conceito qualitativo de progresso, ligado à ideia de liberdade da moralidade, e na extinção da escravidão, do arbítrio, da opressão e do sofrimento. Não é evidente que o progresso técnico leve automaticamente ao pro-

---

35 CANETTI, Elias. *Op. cit.*, p. 284.

36 BAUMAN, Zygmunt. *Medo Líquido*. Rio de Janeiro: Zahar, 2008, p. 74.

37 BAUMAN, Zygmunt. *Op. cit.*, p. 75 e 76.

gresso humanitário, já que este cada vez mais se acha relegado ao terreno da utopia. O trabalho torna-se alienado, ele passa a ser o próprio conteúdo da vida, que só é vivida como trabalho.[38]

Marcuse destaca, em uma leitura freudiana, que nem a felicidade e nem a liberdade são produtos da civilização, pois são com ela incompatíveis. A civilização está fundada na opressão, no recalque das pulsões sensuais, sendo impensável sem uma transformação repressiva dos impulsos, que foi uma condição fundamental para o desenvolvimento de um trabalho penoso. Haveria uma oposição entre o princípio do prazer x princípio da realidade.[39] O organismo tem duas pulsões fundamentais: Eros, ligada ao prazer, e a pulsão para a morte, regressão ao estado pré-natal. O resultado psíquico da dominação do princípio da realidade sobre o princípio do prazer começa com a proibição do incesto e vai à superação do complexo de Édipo e à interiorização da autoridade paterna. A energia erótica transforma-se em energia para o trabalho não prazeroso.[40]

Segundo Marcuse, a repressão das pulsões não resulta de uma necessidade natural, mas sim de um interesse de dominação despótica, constituído historicamente. Ele se tornaria supérfluo na medida que a civilização se aproximasse de um estágio em que a eliminação de um modo de vida que força a repressão das pulsões torna-se possibilidade realizável. Precisaríamos de um princípio da realidade qualitativamente diferente. Sua postura ligada aos ideais marxistas pressupõe uma possibilidade de superação desta repressão destrutiva.[41]

Para Morin, em consonância de raciocínio com Bauman e Marcuse, quando há a ausência dos fatores de regulação do mundo exterior (princípio da realidade), o fator mental da racionalidade, o social e cultural que instituem barreiras e tabus contra a agressividade e a violência, a demência pode quebrar a resistência do mundo, impondo-lhe destruição. A racionalidade pode servir à pulsão destrutiva de forma clara. A cultura pode colocar-se a serviço da guerra.[42]

---

38 MARCUSE, Herbert. *"A noção de progresso à luz da psicanálise"*. Cultura e Psicanálise, São Paulo: Paz e Terra, 2004, p. 103.

39 MARCUSE, Herbert. Op. cit., p. 106.

40 MARCUSE, Herbert. Op. cit., p. 113.

41 MARCUSE, Herbert. Op. cit., p. 115.

42 MARCUSE, Herbert. Op. cit., p. 119.

Esta irracionalidade é universal para Morin. Os germes de toda loucura estão escondidos em cada indivíduo, ou em cada sociedade, e negá-lo pode ser ainda mais perigoso, por potencializar o nosso viés destrutivo. Excesso de coerência transforma a racionalidade em racionalização delirante, que pode levar a formas frias de loucura. Não existe nenhum dispositivo cerebral intrínseco que distinga a alucinação da percepção; o imaginário do real; o subjetivo do objetivo.[43]

Os controles racionais não são soberanos e nos remetem a uma relação instável no cérebro. A racionalidade é apenas uma instância concorrente e antagônica da afetividade e da pulsão. A agressividade delirante pode servir-se da lógica e da racionalidade técnica para justificar seus empreendimentos. A complexidade do cérebro é a sua força e a sua fragilidade; a loucura e a genialidade inventiva podem estar muito próximas.[44]

O ponto alto da reflexão de Morin aparece quando destaca que a afetividade serviria de ligação entre o *homo sapiens* e o *homo demens,* desempenhando um papel cognitivo relevante. Não haveria inteligência racional sem a afetividade — *pathos.* Ela intervém no desenvolvimento da inteligência. Mas as paixões também podem levar à destruição. Há complementaridade entre paixão e razão. A realidade humana é o produto de uma simbiose do racional com o vivido.[45]

O real só se constitui como tal se for saturado de valores, os quais, por sua vez, são saturados de afetividade. Há uma relação antagônica e, ao mesmo tempo, complementar entre a realidade afetiva e a racional. A eliminação da afetividade tiraria substância da realidade, reduzindo-a a equações e modelos formais. Morin adverte que precisamos da correção lógica, da argumentação racional, mas também de sensibilidade.[46] A afetividade invade todas as manifestações do *sapiens-demens*, as quais também a invadem. Se ela for delirante, pode levar ao crime, ao ódio. Ela toma a forma de uma inquietude, de uma ansiedade e de uma aflição, já presentes no mundo animal e que, no mundo humano, aprofundam-se em angústia de morte, como a angústia da existência.[47] Segundo Morin:

> *A medida do mundo se reflete na medida do homem. Cada relação com o mundo realiza certo sentido de verdade que o homem não do-*

---

43 MARCUSE, Herbert. *Op. cit.*, p. 119.

44 MORIN, Edgar. A *cabeça bem feita, repensar a reforma, repensar o pensamento*. Rio de Janeiro: Bertrand Brasil, 2000, p. 120.

45 MORIN, Edgar. *Op. cit.*, p. 121.

46 MORIN, Edgar. Op. cit., p. 122.

47 MORIN, Edgar. *Op. cit.*, p. 123.

> *mina, mas que intervém na experiência, assegurando-lhe a comunicação entre ele e o mundo ou consigo mesmo. Cada atitude humana em face do mundo, torna-se objeto de reflexão e engendra uma filosofia. Como há várias relações com o mundo, cada qual com sua verdade própria, resulta o aparecimento de várias filosofias, nenhuma delas possuindo a verdade total.*[48]

Na visão do autor, a racionalidade é raramente hegemônica, e, com frequência, é encoberta, contaminada ou mesmo manipulada. Em contrapartida, a afetividade é onipresente. A morte seria o lugar do grande encontro da racionalidade, da afetividade e do mito. O criminoso, o louco, o santo, o profeta e o gênio escapam, cada um do seu jeito, e rompem as normas da racionalidade.[49]

As artes têm importância cognitiva porque promovem a confluência de *sapiens* e *demens* de forma construtiva. A possibilidade do gênio vem do fato de o ser humano não ser prisioneiro do real, da lógica, da cultura, da sociedade. Ele surge na brecha do incontrolável, onde ronda a loucura. O pensamento, a ciência, as artes, foram irrigados pelas forças profundas da afetividade. A criação nasce do encontro do caos das profundezas psicoafetivas com a pequena chama da consciência.[50]

Trata-se de uma ideia simplista supor que *homo* é essencialmente *sapiens* e *faber*. Morin afirma:

> *Vivemos num circuito de relações antagônicas e complementares entre o racional e o afetivo, a loucura e a criatividade humana. Existem ambiguidades cognitivas entre o interior mental e o exterior. A loucura é um problema central do homem, não apenas o seu detrito, sua doença.*[51]

A seguir, veremos como a obra de Shakespeare articula, no plano artístico, a confluência *homo sapiens-demens*.

1.3. Shakespeare e a invenção do humano

O pensamento de Harold Bloom, a nosso ver, aprofunda a tese defendida por Morin em torno da possibilidade de Shakespeare viabilizar a ampliação de nossa consciência subjetiva. Segundo o autor, os personagens literários antes de Shakespeare são representados como relativamente imodificáveis; eles agem e morrem, mas não mudam por causa de sua relação com eles mesmos, mas sim por uma determinação divina. Em Shakespeare, os personagens se reconstroem,

---

48 MORIN, Edgar. *Op. cit.*, p. 171.

49 MORIN, Edgar. *Op. cit.*, p. 126.

50 MORIN, Edgar. *Op. cit.*, p. 126.

51 MORIN, Edgar. Op. cit., p. 128.

assumem o domínio de si pela fala que se dá entre eles mesmos ou em relação a outros. A capacidade de se autoanalisar (autoescutar) é o caminho para a individualização. Ele criou várias centenas de diferentes vozes/personagens.

As peças permanecem além do limite das aquisições humanas, do ponto de vista cognitivo, moral e espiritual. Elas ficam além do que nossa mente pode alcançar, nós não conseguimos apanhá-las de forma total e definitiva. Shakespeare irá nos explicar, ao longo das peças, porque em parte ele nos "inventou", já que os personagens principais espelham novos modos de consciência. Segundo Bloom, depois de Jesus, Hamlet é a mais citada figura na consciência ocidental. Ele não pode ser reduzido a um papel para um ator, pois há mais "Hamlets" do que atores para representá-los.[52]

As peças penetrariam na nossa consciência e a analisariam, como cita o importante crítico literário Samuel Johnson. Para ele, a essência da poesia foi a invenção, como um processo de descoberta; nós possuímos tudo de Shakespeare. Ele nos ensinou a entender a natureza humana. Imitações (mimeses) produzem dor ou prazer, não porque elas são confundidas com a realidade, mas porque elas trazem realidade para as mentes.[53]

Na reflexão de Bloom, o que Shakespeare inventa são modos de representar mudanças humanas, alterações não apenas causadas pelas falhas ou pela decadência, mas também pela vontade humana e suas vulnerabilidades temporais. Trazendo vida para a mente, tornando-nos conscientes de coisas que não perceberíamos sem ele. Imitando a natureza humana essencial, a qual é universal e não um fenômeno social. Ele, implicitamente, teria construído uma transcendente concepção de realidade.[54]

Neste sentido, apenas a Bíblia teria o alcance de Shakespeare (um Deus mortal), ainda que a sua visão seja secular. O que os dois têm em comum é o seu universalismo, Shakespeare tem sobrevivido em todos os contextos históricos distintos. Por exemplo, Bloom considera a superioridade de Hamlet e de Falstaff como sendo cognitiva, linguística e imaginativa.[55]

A ideia de um indivíduo como agente moral tem muitas fontes, por exemplo, o pensamento de Homero, Platão, Sófocles, a Bíblia, Dante e Kant. Mas, na visão de Bloom, a personalidade é uma invenção shakespeariana e seria a causa de sua permanente capacidade de persuadir. Aquilo que nós mesmos valoriza-

52 BLOOM, Harold. *The invention of the human*. New York: Riverhead Books, 1999, p. 2.

53 BLOOM, Harold. *Op. cit.*, p. 2.

54 BLOOM, Harold. *Op. cit.*, p. 3.

55 BLOOM, Harold. *Op. cit.*, p. 4.

mos e deploramos em nossa personalidade são heranças dos personagens de Shakespeare. Nesta perspectiva, entendemos que esta invenção do humano a que se refere Bloom pode ser relacionada com a percepção estética do *homo demens* e a de todo o seu universo afetivo irracional, a que se refere Morin.[56]

Não podemos entender completamente o ceticismo de Shakespeare sobre o valor da personalidade. Para Hamlet, por exemplo, o *self* é um abismo, o caos do nada. Bloom levanta questões contundentes: por que seus personagens parecem tão reais? Como ele constrói esta ilusão de forma tão persuasiva?[57] Em reposta, ele mesmo afirma: "Shakespeare nos fez teatrais, ainda que nunca tenhamos lido ou visto uma peça. A vida tornou-se uma irrealidade natural. Ele inventou os nossos sentimentos, foi além de nos psicologizar."[58]

A educação em várias partes do mundo tem sido shakespeariana, não apenas em países de língua inglesa. As ideologias que estão na moda são caricaturas de energias shakespearianas. Neste sentido, ele seria um autor que celebra a vida, além das tragédias, ou ele seria um niilista? Shakespeare encarna, por meio de seus complexos personagens, a exposição profunda e ambígua do *homo sapiens-demens*. Bloom ficaria feliz se ele sustentasse uma transcendência secular, uma visão do sublime, mas ele reconhece que o niilismo assombra quase todas as peças, mesmo as comédias. O bardo parece muito sábio para acreditar em alguma coisa. Mas a peça *A tempestade* abre uma exceção ao niilismo, como veremos no último capítulo deste livro.

Na reflexão de Bloom, Shakespeare tem sido universalmente aceito para ser o mais adequado representante do universo humano que qualquer outro antes dele ou depois. Este julgamento tem sido dominante desde a metade do século XVIII: nós mantemos o reconhecimento a Shakespeare porque precisamos dele; afinal, ninguém nos deu tanto sobre o universo. Ele foi o mais original e o melhor escritor que já conhecemos. Ele não seria *ocidental,* mas *universal.* Ele, e não Freud, seria o nosso psicanalista, por expor, sem pudores racionalistas ilusórios, o lado destrutivo e irracional de nossa personalidade.[59]

Bloom recusa proceder a uma leitura estritamente histórica e social da obra do bardo. Afirma, de forma instigante, corroborando a sua universalidade atemporal:

---

56 BLOOM, Harold. *Op. cit.*, p. 4.

57 BLOOM, Harold. *Op. cit.*, p. 5.

58 BLOOM, Harold. *Op. cit.*, p. 13.

59 BLOOM, Harold. *Op. cit.*, p. 17.

> *Se Shakespeare fosse apenas um produto de um processo social, talvez qualquer produto pareceria bom como outro. Este é o erro político por ideias acadêmicas da moda. Quem ao lado de Shakespeare continua a informar uma autêntica ideia do humano? Se Shakespeare tivesse morrido cedo, nossas ideias seriam diferentes porque eram do bardo antes de ser nossas. Ele tem mantido o status de secular bíblia nos dois últimos séculos.*[60]
> *[...]*
> *Shakespeare é uma possessão internacional, transcendendo nações, línguas e profissões. Ele é único na cultura e não apenas no mundo teatral.*[61]

Em complementação ao exposto pelo autor, neste livro, veremos como o tema do poder e de sua legitimidade atravessa toda a obra shakespeariana. Além de um talentoso artista, o bardo foi um estudioso de teorias políticas expostas no pensamento de Plutarco e Maquiavel, que o influenciaram de forma marcante, fazendo com que superasse a sua formação político-religiosa tradicional, baseada nas famosas homilias, elaboradas pela dinastia Tudor (a partir de Henrique VIII), que eram lidas repetidamente nas igrejas, com o intuito de "inculcar o dogma do não questionamento do poder soberano, por pior que ele fosse". Por isso, segundo alguns estudiosos, em toda a sua obra, a chamada "função política do homem" pode ser considerada um ponto de intersecção de todo o seu teatro, seja nas tragédias, nos dramas históricos, ou nas comédias. Nas sábias palavras de Antônio Cândido sobre a questão: "em Shakespeare, *o veio político serpenteia como uma espécie de sistema sanguíneo, formando suporte, ligando as partes, nutrindo a visão do homem e da sociedade*".[62] De uma forma profundamente instigante e criativa, ele transpôs, de forma sutil, muitas destas análises teóricas para a ação dramática, na qual "o jogo do poder" e as relações políticas são transformados em realidade literária e teatral. Por isso, seu teatro pode ser visto como uma grande metáfora de nossa complexa interação social e política.

---

60 BLOOM, Harold. *Op. cit.*, p. 716.

61 BLOOM, Harold. *Op. cit.*, p. 725.

62 CÂNDIDO, Antônio. "A culpa dos reis: mando e transgressão no Ricardo II". *Ética*. Organização: Adauto Novaes. São Paulo: Companhia das Letras, 1999, p. 14.

Capítulo 2

O problema da legitimidade jurídico-política na obra de Shakespeare

Nosso interesse pelo assunto será sempre primordialmente ligado à questão da perene vitalidade dramática e atual de William Shakespeare. Ao encararmos o problema do homem político em Shakespeare, preocupa-nos, sobremaneira, a contribuição que trouxe sua apreensão das vivências humanas dentro de um contexto social e político à sua aparentemente eterna contemporaneidade. [1]

Conforme vimos no capítulo anterior, as considerações zetéticas sobre o poder não são assumidas pelas teorias jurídicas que, do ponto de vista dogmático, negam a composição *homo sapiens-demens* e encaram a decisão jurídica como um meio de eliminação justa e equitativa dos conflitos, como uma espécie de resultado da aplicação racional do ordenamento jurídico em vigor. Este não reconhecimento não é descompromissado e nem decorre de uma natural ingenuidade, pois está ligado ao fato de o exercício do controle depender de um fortalecimento de uma visão ideal do universo jurídico, que, aos olhos do cidadão, deve parecer justo e equitativo. O direito, como as instituições políticas que a ele se ligam diretamente, deve permanecer como um "símbolo ideal", que "mascara" as suas contradições, o seu exercício de controle e as relações de poder que estabelece. Na maioria das vezes, como afirma Thurman

1 HELIODORA, Bárbara. *A expressão do homem dramático em Shakespeare.* Rio de Janeiro: Paz e Terra, 1978, p. 30.

W. Arnold, o direito aparece como "uma caixa de ressonância das esperanças prevalecentes, onde os ideais contraditórios aparecem como coerentes".[2]

Diz este autor que o direito é basicamente um grande depósito de símbolos sociais emotivamente importantes. Ainda que ele possa conter, ao mesmo tempo, filosofias de obediência e revolta, normalmente funciona para produzir a aceitação moral do *status quo*, criando um reino dentro de uma bruma mítica que rodeia os tribunais, onde nossos sonhos de justiça, sonhados em um mundo injusto, se cumprem. Deste modo, na medida que as teorias jurídicas, com o auxílio do tribunal e das escolas de Direito, conseguem manter esta "máscara ideal", o direito pode fortalecer o status quo presente, garantindo a relação de mando/obediência jurídico-política de forma pacífica. Todavia, nos momentos históricos em que se consegue arrancar a sua "máscara", ele também pode ser utilizado como um instrumento de indignação e de revolta em relação à ordem estabelecida. É evidente que a manutenção da "máscara ideal" depende da astúcia do Estado em coordenar as próprias relações de poder, antecipando e neutralizando as possíveis "rebeliões". Na esteira de Canetti, vemos que o Estado deve ser "hábil como o gato" e manter sob seu poder (controle) todos os passos dos indivíduos que a ele estão submetidos. No entanto, esta "vigilância" deve ser sutil, fazendo com que todos acreditem que exercem de fato a sua liberdade.[3]

A fim de garantir esta vigilância discreta, as teorias jurídicas dogmáticas veem o poder como um fenômeno irracional que se identifica com a força bruta, ou seja, como um fenômeno extrajurídico, que, apesar de aparecer na sua formação, acaba por se dissolver no momento em que o direito se constitui inteiramente. A partir daí, temos sua absorção pelo direito, que começa a falar em "poder jurídico", que nada tem a ver com a força bruta irracional ou com o interesse destrutivo. Assim, passamos a ter a contraposição entre "poder-força" e "poder jurídico". O poder jurídico, que aparece em vários pontos do sistema normativo, é um poder racionalizado, esvaziado da força bruta, que passa a se confundir com a própria obediência às leis. Assim, esta "castração" passa de fato a ocultar as relações de poder, ao transformá-las em uma "substância" que possuímos e que podemos, portanto, perder, ganhar, usar ou mesmo transmitir. Uma "subs-

---

2 THURMAN, Arnold W. *El derecho como simbolismo. Sociología del Derecho,* Org. Vilhelm Aubert, Caracas, Tiempo Nuevo, 1971, p. 33.

3 THURMAN, Arnold W., neste sentido, afirma que "o realista mostra que o Direito não é o que pretende ser e que as teorias jurídicas são circulares e que sua aplicação por advogados hábeis não passa de uma técnica retórica, que se apoia no formalismo cerimonial e na confusão verbal. Segundo o autor, o erro do realista está no fato de achar que tudo isto constitui uma falha no direito. Esta fuga da realidade que cumpre ao direito, longe de constituir uma debilidade, é a sua força maior. As instituições jurídicas devem reconciliar constantemente os conflitos ideológicos. Se elas fossem excessivamente sinceras, poderiam ser ineficazes." *Op. cit.*, p. 33.

tância" que não se confunde com as nossas relações sociais, na medida que é um elemento externo que pode estar presente ou não em termos jurídicos.

Com este propósito, a primeira providência tomada pelas teorias dogmáticas é, justamente, a de desvincular a questão da "obediência às normas jurídicas" das relações de poder, bem como das relações de força e imposição. Esta desvinculação é feita de forma radical, pois as teorias dogmáticas assumem a questão da obediência às leis não como um problema humano que envolve relações de imposições e de controle, mas como um dado natural e inquestionável, seguindo o princípio da inegabilidade dos pontos de partida, que consagra o "dogma da obediência à lei". Este, por sua vez, é traduzido no famoso princípio da legalidade, que preceitua: "ninguém está obrigado a fazer ou deixar de fazer alguma coisa senão em virtude de lei". Neste sentido, toda a importante realidade factual que cerca a questão da obediência, apontada por Canetti, que nos faz ver os seus problemas, é deixada de lado. A complicada, mas importante questão que se coloca do ponto de vista zetético "por que obedecer?" é ignorada.

O poder é visto como uma "substância ética" que pertence unicamente ao Estado soberano, desvinculado das relações de força, que transforma a questão da obediência e da própria legitimidade em uma premissa inquestionável, favorecendo a crença nas instituições políticas para que permaneçam como um símbolo ideal aos olhos da sociedade. Partindo destes pressupostos, como contraponto crítico, lembramos da teoria "pragmática da norma jurídica", que, a nosso ver, trata com bastante originalidade e perspicácia a relação existente entre direito, poder, controle e força. Toda a esquematização geral proposta pela teoria pragmática jurídica, unindo Filosofia da linguagem e do Direito com a Psicologia, é de uma interdisciplinaridade muito rica quando associada a um elemento empírico humano. Ela não é vista como uma camisa de força racionalista com respostas lógicas definitivas, ao permitir ser expandida e enriquecida, de forma permanente, por esta mesma associação estética própria do teatro de Shakespeare. Se o poder não se confunde com a força física, mas é controle da ação dos sujeitos como exercício de influência sobre outros, não há como escapar da análise do processo comunicativo em que se estabelecem as interações humanas, que é altamente reflexivo. [4]

Do ponto de vista pragmático, a comunicação visa o mútuo entendimento. É considerada racional, na medida que o chamado "dever de prova", ou seja, a possibilidade de o emissor fundamentar o que diz, cabe ao emissor e é controlada pelo receptor. Nas palavras do próprio Ferraz Jr., "o discurso racional é aquele que presta contas, que fundamenta o que diz em relação à exigência crí-

---

4 FERRAZ JR., Tercio Sampaio. *Teoria da Norma Jurídica:* ensaio de pragmática da comunicação normativa. Rio de Janeiro: Forense, 1978, p. 19.

tica do ouvinte, para o qual está sempre aberto".[5] Esta estrutura racional, é, em princípio, dialógica e altamente reflexiva, na medida que o exercício da crítica pode ser ilimitado. Todavia, existe outra regra da comunicação que afirma que o receptor pode aceitar certo conteúdo da mensagem como evidente ou verdadeiro e deixar de lado o seu potencial exercício de crítica. Neste caso, o discurso teria uma estrutura monológica, relacionada à possibilidade de sua axiomatização. De fato, os discursos racionais são compostos a partir destas duas estruturas, que, no decorrer da interação, acabam por se assimilar.

Ademais, é importante ressaltar também que o emissor pode discutir "com" o receptor ou "contra" o receptor. No primeiro caso temos a homologia, a relação é simétrica e de cooperação. Já no segundo, temos a heterologia, a relação é desigual e partidária. Nos discursos heterológicos não existe espaço para o consenso verdadeiro, mas apenas para a persuasão. Por isso, apesar de existirem momentos monológicos, a estrutura dialógica é a que prevalece, sendo apenas interrompida pela decisão dogmática. O discurso jurídico, devido ao seu caráter decisório, constitui um exemplo desta segunda alternativa, por estar intimamente relacionado com a ideia de poder como controle comunicativo, exposto na chamada "situação comunicativa normativa".[6]

A situação comunicativa normativa é peculiar em relação às demais formas de comunicação. Ela depende de uma "dogmatização contra fática" (inversão do ônus da prova que, ao invés de pertencer ao emissor, passa para o receptor) inicial da supremacia do chamado "editor normativo", que se põe como autoridade (cometimento da norma) para exigir certas condutas (relato ou conteúdo da norma) dos endereçados sociais, visando a uma possível decisão de conflitos. Todavia, a estrutura monológica, não questionadora do discurso que impõe a relação de autoridade, ao contrário dos demais, não se baseia em axiomas que não são questionados por serem aceitos como verdadeiros por aqueles que se comunicam. Ou seja, ela não torna a questão da obediência uma verdade inquestionável; do ponto de vista semântico, ela apenas a coloca fora de discussão por uma decisão arbitrária. Afinal, todo e qualquer dogma "impõe uma verdade sobre algo que, de fato, continua duvidoso".[7]

Assim, esta supremacia não se torna, de fato, inquestionável, e depende de uma institucionalização a nível social da própria relação de autoridade, que deve neutralizar o dissenso e as possíveis reações sociais contrárias. É neste

---

5 FERRAZ JR., T*ercio Sampaio. Direito, Retórica e Comunicação* – subsídios para uma pragmática do discurso jurídico. São Paulo: Saraiva, 1973, p. 35.

6 FERRAZ JR., Tercio Sampaio. *Op. cit.*, 1978, p. 39.

7 FERRAZ JR., Tercio Sampaio. Introdução ao Estudo do Direito: técnica, decisão, dominação. 4ª edição. São Paulo: Atlas, 2003, p. 43.

ponto que podemos identificar, com clareza, a conexão existente entre direito, poder e comunicação, na medida que a relação de autoridade não preexiste à própria interação, pois aquela se constitui propriamente durante o processo interativo. Ela existe não só a partir de uma pretensão do editor normativo de impor uma relação complementar, mas na medida que o sujeito também estiver disposto a se colocar nesta condição subalterna. O poder não está unicamente nas mãos da autoridade, não é uma "coisa que ela tem", portanto. Ele atravessa, e ao mesmo constitui, a própria relação autoridade/sujeito.[8]

Vemos que tanto o relato como o cometimento das mensagens normativas implicam relações de poder entendidas como controle de seletividade do editor normativo em relação aos endereçados sociais. Neste sentido, a complementaridade do editor normativo é garantida pela institucionalização do controle da seletividade das reações dos sujeitos que identificam as normas estatais como sendo juridicamente válidas em detrimento das demais. Por isso, é extremamente importante que ele leve em conta as reações dos chamados endereçados sociais, que poderão confirmar, rejeitar ou desconfirmar a mensagem normativa. Tanto a confirmação (licitude) como a rejeição (ilicitude) reconhecem e aceitam o cometimento metacomplementar da norma jurídica. [9]

No entanto, a constante possibilidade de haver reações desconfirmadoras torna inevitável o confronto entre direito e poder, visto que ela constitui uma situação-limite em que os endereçados sociais deixam de assumir a relação complementar estabelecida no cometimento das normas jurídicas, não mais assumindo a condição de sujeitos da relação. Nesta situação, os endereçados sociais eliminam o controle de seletividade que o editor normativo tenta realizar. Este tem uma expectativa predeterminada que a relação de autoridade, que ele estabelece, seja vista como uma estrutura de motivação da seletividade do endereçado que, de fato, passa a possuir duas alternativas apenas: confirmar ou rejeitar a mensagem. Aquele que desconfirma a norma desilude totalmente esta expectativa, pois age como se a autoridade, e os atos de coação que ela determina, não existissem, como estratégia de desafio ao aspecto cometimento de suas normas.[10]

Neste caso, o conteúdo das normas jurídicas e a relação complementar que elas estabelecem deixam de influenciar as opções e de ser uma estrutura de motivação para a seletividade dos endereçados, que não mais veem a possibilidade de aplicar sanções como uma alternativa a evitar. Aquele que desconfirma uma mensagem normativa não mais se sente obrigado a se submeter à autoridade

---

8 FERRAZ JR., Tercio Sampaio. *Op. cit.*, 2003, p. 109.

9 FERRAZ JR., Tercio Sampaio. *Op. cit.*, 2003, p. 107.

10 OLIVEIRA, Mara Regina de. *O Desafio à autoridade da lei: a relação existente entre poder, obediência e subversão. Rio de Janeiro:* Corifeu, 2006, p. 104.

porque não a reconhece como tal, na medida que ele próprio não mais se assume como sujeito da relação. Neste sentido, ela faz com que o editor perca, pelo menos momentaneamente, o seu controle sobre os endereçados. Se for bem-sucedida, ela pode criar uma nova relação de poder, paralela à primeira, em que o sujeito receptor das mensagens normativas estatais passa a ser autoridade emissora de novas mensagens normativas. Assim, como vimos, ela deve ser neutralizada pela autoridade que, a todo custo, tentará se imunizar contra ela, ao desconfirmar a reação desconfirmadora, transformando-a em uma simples rejeição, que será talvez enquadrada como comportamento ilícito, que pode ser por ela controlado.[11]

As reações desconfirmadoras surgem no momento que a legitimidade da relação de poder está enfraquecida. A legitimidade está ligada, justamente, à imposição de certas significações e ao desconhecimento, por parte dos endereçados sociais, das relações de força entre grupos que compõem a sociedade e constituem a chamada violência simbólica. O poder será considerado legítimo enquanto o seu exercício de violência simbólica for dissimulado e desconhecido pelos endereçados sociais, de modo que ele possa influenciar comportamentos por meio de sua liderança, reputação e autoridade, que devem se combinar de forma congruente. Uma vez que o arbítrio social em torno das relações de força torna-se evidente, a legitimidade fica comprometida. Nas palavras do autor, "esta seleção básica é arbitrária, porque a sua função e estrutura não podem ser deduzidas de nenhum princípio universal, mas dependem da complexidade social e não da natureza das coisas ou da natureza humana".[12]

A influência por autoridade é necessária para que a constituição do esquematismo jurídico/antijurídico se imponha de modo contra fático e se generalize, apesar da passagem do tempo. Embora haja desilusão da expectativa, o sujeito ainda a mantém, possibilitando a jurisfação do poder. Ela sempre dissimula as relações de força, que estão em sua base, agregando sua própria força simbólica às mesmas relações, por meio de normas que passam a regular o uso da força. Neste sentido, vimos que ela só reconhece a confirmação e a rejeição de suas mensagens. Já a influência por reputação atua mais diretamente no relato das normas, pois neutraliza os conteúdos normativos e possibilita sua assimilação acrítica pelos sujeitos, em termos de valores ideológicos. Por fim, a influência, por meio da liderança, neutraliza as diferenças entre a autoridade e os sujeitos, manipulando a escassez de consenso e institucionalizando a relação metacomplementar normativa. Aqui ganham relevo todos os procedimentos institucionais legislativos, executivos e judiciais, bem como os mecanismos midiáticos de propaganda. Na prática, estas três generalizações devem se combinar, a fim de se for-

---

11 OLIVEIRA, Mara Regina de. *Op. cit.*, p. 120 a 122.

12 OLIVEIRA, Mara Regina de. *Op. cit.*, p. 120 a 122.

talecerem mutuamente, mas, em situações disfuncionais, elas perdem o seu caráter dissimulador. Nas chamadas "situações comunicativas abusivas", a força física passa a ser a base explícita do poder, podendo provocar a sua destruição, como mecanismo de influência e controle.[13] A seguir, entraremos na análise específica do problema do abuso de poder na interação comunicativa.

O exercício da violência simbólica corre risco de tornar-se transparente e comprometer a legitimidade do poder em situações comunicativas normativas defeituosas nas quais ocorrem abusos na comunicação por parte do editor normativo quando ele elimina a própria possibilidade de seleção do sujeito, ou seja, nas ocasiões em que ele é "coagido" pela autoridade, que, de certa forma, o elimina enquanto tal. Neste caso, a percepção da injustiça e a possível "revogação" da autoridade podem ocorrer. Por quê?

Em um ensaio bastante instigante, intitulado "O discurso sobre a justiça", o problema da justiça, na comunicação normativa, é recolocado por Ferraz Jr. Partindo de algumas ideias de Austin, ele afirma que a comunicação humana implica a existência de comunicações malogradas e defeituosas. O defeito requer um abuso das condições de uso da língua, em que é possível detectar, por exemplo, a presença da mentira. Como seria o caso de um mentiroso que afirma: "Amanhã direi a verdade." Já o malogro é uma comunicação sem sentido que cria um paradoxo do tipo: "Não leia esta placa!", no qual, para sabermos que não devemos ler a placa, temos de lê-la primeiro. Ele também pode estar presente no cometimento das mensagens, quando se diz: "Seja livre!". Para sermos livres, precisaríamos nos vincular a este comando, e não sermos livres, portanto.[14]

O problema da justiça, diz Ferraz Jr., está relacionado com a possibilidade de haver refutação de mensagens defeituosas, mas não malogradas, que pode ocorrer com os enunciados normativos. A validade da norma não implica sua justiça ou injustiça, porém, qualificar uma norma de justa ou injusta constitui uma peculiar forma de refutação da força ilocutiva da norma. Usando a classificação feita por Austin, o autor afirma, como o fez nos textos anteriores, que as mensagens comunicadas constituem uma emissão locutiva (relato) que traz consigo uma dimensão ilocutiva (cometimento) identificada pelos modalizadores pragmáticos, como o tom da voz, os modos verbais imperativos, condicionais etc.[15]

Quando um ou mais endereçados sociais afirmam que uma norma é injusta, esta reação demanda desconhecer ou ignorar a autoridade do emissor normativo. Esta refutação, de fato, implica uma revogação, ou seja, um outro ato normativo

13 FERRAZ JR., Tercio Sampaio. *Op. cit.*, 2002, p. 60 a 63.

14 FERRAZ JR., Tercio Sampaio. *Op. cit.*, 2002, p. 265.

15 FERRAZ JR., Tercio Sampaio. *Op. cit.*, 2002, p. 266.

que a "revoga" por declarar a sua autoridade ignorável, ainda que de uma forma diferente da revogação da validade de uma norma feita por meio de outra.[16]

Estes defeitos, que remetem a condições de abuso, aparecem no cometimento normativo, ou seja; ocorrem quando a relação de autoridade também comunica uma perversão do ato de falar. A emissão de uma mensagem normativa, como vimos, pressupõe certas condições que garantem o exercício de autoridade do emissor normativo que não pode eliminar a condição de sujeito do próprio endereçado social. Desde que exista uma mensagem normativa, na qual a autoridade anule o próprio sujeito de modo a destruir o sentido unificador do seu próprio existir, afirmaremos que houve um "abuso das condições de exercício potestativo da autoridade." Esta mensagem será "defeituosa", embora possa ser juridicamente válida. A identificação de seu defeito, por parte do receptor, está na própria realização do ato de falar, que, segundo Ferraz Jr.:

> *Denuncia a carência do poder do emissor pela carência de sentido existencial do sujeito destinatário. Se alguém for condenado por um crime que não cometeu, esta mensagem normativa torna-se injusta porque desmascara a situação existencial insuportável em que o sujeito é colocado e não apenas porque o crime não foi demonstrado.*[17]

Assim, neste exemplo, a declaração de injustiça expõe algo mais grave que a falta de demonstração da culpa, pois, se assim o fizesse, ainda reconheceria a relação de autoridade. No entanto, esta declaração acaba por "revogá-la", por meio da sua desconfirmação, o que implica, como vimos, um desequilíbrio nas relações de poder. Não pode haver exercício do poder na comunicação normativa se houver aniquilamento do sujeito.[18]

A relação complementar imposta pelo emissor normativo exige que ela "neutralize", por assim dizer, uma possível reação "desconfirmadora" dos endereçados sociais, e nisto consiste a importância do exercício de violência simbólica. Neste sentido, a relação de autoridade/sujeito torna-se metacomplementar. Todavia, entre os comunicadores que estabelecem uma relação desigual deve haver um mútuo reconhecimento dos diferentes discursos. [19]

O discurso da autoridade é impositivo e assim se caracteriza a partir do momento em que é assumido por outro discurso que lhe é submisso. Vimos que a confirmação e a rejeição constituem discursos de submissão, que fortalecem a força ilocutiva da mensagem. Para que a relação de poder se constitua, é preciso

---

16 FERRAZ JR., Tercio Sampaio. *Op. cit.*, 2002, p. 268.

17 FERRAZ JR., Tercio Sampaio. *Op. cit.*, 2002, p. 268.

18 FERRAZ JR., Tercio Sampaio. *Op. cit.*, 2002, p. 269

19 FERRAZ JR., Tercio Sampaio. *Op. cit.*, 2002, p. 269.

que haja um espaço de "liberdade" para ambos. Ou seja, é necessário haver um local para a desobediência por parte do sujeito e um lugar de ameaça para a autoridade, que também deve poder não concretizá-la.[20]

O defeito ocorre na medida que o discurso da autoridade elimina a complementaridade, ao substituir os dois discursos distintos (autoridade/sujeito) por um único em que só ela comunica. Um discurso que não chega a ser propriamente homólogo, na medida que constitui uma perversão da própria homologia. Como no exemplo citado: "reconheçamos que a autoria do delito não foi provada, mas deve-se reconhecer que o não acatamento da sentença destruirá a autoridade." Esta fórmula não neutraliza o discurso "desconfirmador" do sujeito, mas o próprio sujeito, uma vez que cometendo ou não o crime ele será condenado. A relação complementar é rompida porque o emissor age como se o discurso fosse único. A desconfirmação, por parte do editor, só pode ser dirigida como uma resposta a uma reação "desconfirmadora" do sujeito, que visa transformá-la em simples rejeição. A desconfirmação da autoridade não pode alcançar aqueles sujeitos que confirmaram a norma jurídica, porque isto constituiria uma perversão do discurso normativo, visto que a homologia consiste em uma imposição unilateral, na qual só um tem competência para falar, sendo que os outros devem apenas obedecer, pelo sim ou pelo não. Trata-se de uma hipótese limite, pois a possibilidade de o sujeito reagir seletivamente desaparece, já que confirmando ou não a mensagem ele será punido. O emissor age pelo receptor e o aniquila. Neste sentido, a relação complementar desaparece, pois não há mais o jogo de ação e reação. Existe somente a coação que destrói a relação de poder. É evidente que esta análise pragmática do problema da justiça, que também leva em conta a sua dimensão semântica, caracteriza uma situação limite que destrói a relação complementar, por fazer justamente o inverso do que deveria fazer, por meio do exercício da violência simbólica: expor as ligações de força que estão na base da relação desigual que estabelece. Isto demonstra o fato de que os cometimentos normativos institucionalizados, no limite, não podem suportar estes relatos que produzem defeitos na relação. Mesmo que sejam mensagens normativas, processadas segundo as regras burocráticas do Estado, gozando, portanto, de um consenso geral presumido, estas poderiam ser "revogadas" pela sua injustiça.

Embora o referido ensaio não faça uma menção expressa a esta colocação, pensamos que este aniquilamento do sujeito poderia afetar a própria racionalidade do discurso. Ele não apenas inverte, mas elimina a regra do dever de prova já mencionada. Em uma situação comunicativa normativa racional não se elimina o dever de prova, que cabe ao sujeito da relação. A inversão do ônus da prova sustenta-se, como vimos, na institucionalização da relação de autoridade, que eli-

---

20 FERRAZ JR., Tercio Sampaio. *Op. cit.*, 2002, p. 270.

mina o questionamento do sujeito em torno da relação, mas não o próprio sujeito. Neste sentido, o discurso defeituoso poderia ser considerado irracional, na medida que introduz uma regra estranha à comunicação que é comunicada ao sujeito: "confirmando ou não as minhas mensagens normativas, você será sancionado!" No fundo, introduz-se uma regra que diz "que não há regra para que o sujeito possa selecionar a sua ação", pois ele será arbitrariamente "coagido" pelo outro.[21]

Nos termos da pragmática, a autoridade soberana é aquela que é apenas emissora e não receptora de normas, de modo que sua supremacia repousa em uma regra de discurso que coloque fora de questionamento as normas editadas por ela e a declare como não submetida a nenhuma regra de outra autoridade que não aquelas que ela mesma determina. Neste sentido, o conceito de soberania assume um caráter aporético, pois a relação de soberania só se caracteriza se houver complementaridade, em que um manda e o outro obedece. O soberano é aquele que obedece a si próprio, pois é aquele que é emissor e receptor complementar de si próprio.[22]

De fato, acrescenta o autor, este caráter aporético não pode ser eliminado, por exemplo, pela transformação da regra que viabiliza a noção de soberania em um dogma. Neste caso, teríamos uma forma irracional de discurso. Todos os discursos decisórios heterológicos repousam em questões aporéticas, que optam por um determinado ponto de partida que pode ser dogmatizado, mas não pode eliminar outras possibilidades, pois ele se sustenta justamente no confronto com outras possibilidades de decisão. Só os discursos homológicos podem ser axiomatizados, na medida que relacionam a sua legitimidade à competência comunicativa dos comunicadores. A possibilidade da verdade, em si, garante a passagem da estrutura dialógica para a monológica, caso o orador consiga convencer o ouvinte, momento este em que a estrutura do discurso passa a se determinar a partir de uma perspectiva privilegiada, considerada verdadeira, que exclui as demais, possibilitando a construção de sistemas axiomáticos.[23]

Como bem alerta Ferraz Jr., se tentarmos aplicar às discussões heterológicas o mesmo critério das homológicas, podemos torná-las irracionais. A exclusão do dever de prova de certas afirmações não constitui axiomas ou postulados que podem ser aceitos como verdadeiros, mas dogmas que nunca deixam de se relacionar a questões aporéticas presentes no seu ponto de partida. A sua racionalidade está ligada às regras que a própria situação comunicativa estabelece, possibilitando, inclusive, que se determine que, ideologicamente, algumas

21 FERRAZ JR., Tercio Sampaio. *Teoria da Norma Jurídica*. Rio de Janeiro: Forense, 1978, p. 19.

22 FERRAZ JR., Tercio Sampaio. *Op. cit.*, 1978, p. 179.

23 FERRAZ JR., Tercio Sampaio. *Op. cit.*, 1978, p. 166.

mensagens possam ficar fora de dúvida, eximindo o emissor de apresentar fundamentos para aquilo que comunica. Todavia, esta regra não pode ela mesma se transformar em um dogma, pois as regras que viabilizam a comunicação não são passíveis de se tornar objetos de si própria. Neste caso, teríamos uma situação comunicativa "cuja possibilidade repousa na imponderabilidade do comportamento do emissor que 'obedece' a uma só regra: tudo o que eu digo vale, independentemente de qualquer prova, justifica-se por si mesmo".[24]

O mesmo ocorre com a regra que viabiliza a noção de soberania, que é posta na própria situação comunicativa heterológica. Como ela repousa em aporias e apenas "viabiliza" a soberania, sua transformação em um dogma passaria a justificar a própria soberania exercida de forma irracional. Neste caso, os sistemas normativos tendem a se tornar fechados e isolados, constituindo formas patológicas que ou se autodestroem ou provocam uma reação violenta que pode modificar o contexto comunicacional em que ocorrem. Todo o discurso normativo dogmático deve assumir aporias, mas sempre corre o risco de se absolutizar. Isto ocorre toda vez que o discurso nega o seu momento dialógico, vendo apenas os seus valores mentalizados, ideologicamente, como os únicos prevalecentes. Neste momento, ele se torna irracional e ilegítimo, de modo que a possibilidade do diálogo pode ser eliminada pela possível ocorrência disseminada de reações desconfirmadoras por parte dos endereçados sociais.

Como vimos, o autor chama a atenção para o problema da justiça, em termos pragmático-semânticos, em que a possível "revogação" da autoridade estaria ligada a certo tipo de "aniquilação do sujeito". A nosso ver, esta "axiomatização do discurso dogmático" teria um efeito semelhante na interação pragmática, abrindo as portas para uma desqualificação da relação autoridade/sujeito, que poderia tornar clara a relação de poder. Como relacionar esta pragmática com Shakespeare? É o que veremos a seguir.

2.1. Shakespeare e o drama teatral como forma de exposição crítica do poder

Bárbara Heliodora defende uma instigante tese a respeito da presença do homem político em Shakespeare, em termos interativos, que apresenta muitos pontos de afinidade com os estudos da pragmática da comunicação normativa, em termos político-jurídicos, a que fizemos alusão no tópico anterior. Embora a autora ressalte que não existe propriamente um engajamento sha-

24 FERRAZ JR., Tercio Sampaio. *Op. cit.*, 1978, p. 169.

kespeariano em uma determinada facção política, seu trabalho demonstra, com acuidade teórica, como o bardo usou a expressão dramática do teatro na espécie de "código de contrapoder", na observação crítica da natureza dos governantes e governados, visando o que ela chama de "sua transcendência em termos de pensamento e emoção". Veremos como a sua brilhante e acurada percepção do "direito divino dos reis", enquanto um instrumento político e a confirmação de uma visão não religiosa, viabilizou o exame crítico das qualidades que fazem o bom e o mau governante.[25]

É tido como certo pelos historiadores que Shakespeare frequentou a famosa *Grammar School* em Stratford, admitindo-se que ele tenha entrado na escola aos sete anos de idade. Seus professores tinham treinamento universitário, geralmente na cidade próxima, Oxford. Antes de entrar na escola, os meninos aprendiam a ler e escrever e também noções religiosas básicas. Ao ingressar no colégio, contudo, aprendiam latim, cuja gramática foi redigida por John Lily, e a educação era influenciada pelo método medieval. Além do estudo minucioso da gramática latina, havia o aprendizado da retórica e da lógica, presentes no *trivium,* e da aritmética, geometria, astronomia e música, presentes no *quadrivium*. Neste sentido, percebemos como a leitura de autores clássicos latinos influenciou toda a sua obra posterior. Supõe-se que ele conheceu Plutarco, historiador grego, traduzido para o latim e depois em língua moderna. Não se sabe exatamente por quanto tempo ele frequentou esta escola, mas é evidente que recebeu um profícuo treinamento no campo do raciocínio lógico e da correta expressão das ideias. Segundo Bárbara Heliodora:

> *Cada aluno tinha um caderno, o commonplace book (livro de lugares comuns), onde devia copiar frases que expressassem de forma razoavelmente elegante "lugares comuns", ou seja, ideias a respeito do bom convívio humano. A não ser por esta preocupação de incluir bons princípios e boas maneiras a mente do aluno, tudo o que era ensinado na escola parece ter sido de modo geral útil à ampliação do horizonte do aluno, instrumento hábil para colaborar num processo de desenvolvimento do indivíduo. Possivelmente será esta a razão pela qual tido o que se aprendeu no Grammar School de Stratford parece ter acompanhado Shakespeare por toda a sua vida.*[26]

Apesar de o contexto histórico evidenciar que o foco de sua expressão artística, em termos de conteúdo, estava centrado na observação do núcleo da vida política inglesa, ao tempo da afirmação das chamadas monarquias europeias na-

---

25 HELIODORA, Bárbara. A *expressão dramática do homem político em Shakespeare.* Rio de Janeiro: Paz e Terra, 1978, p. 20.

26 HELIODORA, Bárbara. *Op. cit.,* 1978, p. 43 a 46. Para um estudo detalhado da biografia de Shakespeare, ver HONAN, Park. *Shakespeare, uma vida. São* Paulo, Companhia das Letras, 2001.

cionais, entendemos que, a nível pragmático, sua obra transcende a sua época, tornando-se atemporal. Ela teria uma "eterna contemporaneidade", para usar as palavras de Bárbara Heliodora, porque observa como a conduta de governantes e governados, em plena interação conflitiva, afeta em termos políticos, morais e religiosos a organização do Estado e a própria constituição da soberania.[27]

Poder, para Shakespeare, se constitui em um jogo interativo-conflitivo permanente. Seu pensamento desvela o dissimulado em sua época, fortemente articulada na ideia não interativa, mas substancial e teológica de poder. Seu teatro é um "espelho da política", mas que superou o chamado "reflexo da superfície", comum em autores da época elisabetana. Segundo a autora, esse espelho seria semelhante àqueles presentes nos parques de diversões, que reconstroem a imagem refletida, dando-lhes uma nova significação. Trata-se de um espelho que em invés de reproduzir, expõe toda a violência simbólica religiosa e política que sustentava os Tudors no poder.[28]

Em termos pragmático-jurídicos, a ruptura de Henrique VIII com o papado romano, para se casar com Ana Bolena, significou a definição de uma nova doutrina teocrática, uma nova cadeia normativa religiosa, que uniu, em uma só pessoa, dois títulos que até então eram distintos: Pontífice e Rei. Trata-se da formação de uma nova série normativa político-religiosa que "desconfirmou" o conceito católico e medieval de que não só o Papa, como qualquer sacerdote, ficaria acima do chefe do poder temporal.

No entanto, após a sua morte, a institucionalização do protestantismo torna-se mais difícil na Inglaterra, diante das atitudes radicais do breve reinado de Mary, rainha católica, filha de Catarina de Aragão. Em seu governo, revanches pessoais e ódio ao protestantismo se sobrepõem ao bem comum e intensificam as lutas com os católicos. O uso ostensivo da força mostrou o quanto o catolicismo perdia o poder de influenciar, na medida que feria o nacionalismo popular.[29]

Como a rainha Mary era estéril, subiu ao trono Elizabeth, aos vinte e cinco anos, filha de Ana Bolena, que simbolizava, permanentemente, a ruptura com Roma.[30] Embora a sua legitimidade hereditária tenha sido contestada — uma vez que sua mãe foi declarada ilegítima por praticar incesto e traição, sendo decapitada pelo próprio pai —, ela governa de forma moderada, sem excessos, em relação aos católicos e aos radicais puritanos. Ela institucionali-

27 HELIODORA, Bárbara. *Op. cit.*, 1978, p. 19.

28 HELIODORA, Bárbara. *Op. cit.*, 1978, p. 21.

29 HELIODORA, Bárbara. *Op. cit.*, 1978, p. 52.

30 HELIODORA, Bárbara. *Op.* cit., 1978, p. 53.

za a sua autoridade metacomplementar como generalização de influência em termos de liderança, autoridade e reputação, e não por meio da força. Tinha consciência de que o uso ostensivo desta pode destruir o poder e a autoridade que a acompanha. Mesmo quando o Papa Pio V tenta negar a desconfirmação protestante, transformando-a em ação criminosa (rejeição), com a expedição da famosa Bula de Excomunhão e Deposição, não houve desafio popular à autoridade do governo de Elizabeth porque sua interação política foi equilibrada e voltada para os interesses da Inglaterra e dos ingleses.[31]

A ruptura de Henrique VIII com o papado romano veio de encontro a um anseio dominante de obediência à autoridade constituída em termos absolutos e nacionais. Em contrapartida, foi inculcada, como violência simbólica, a crença político-religiosa de que a resistência ao governante era pecaminosa. O intuito seria o de institucionalizar a nova cadeia normativo-religiosa perante a população, garantindo a inversão do ônus da prova metacomplementar, ou seja, firmar a estrutura monológica do aspecto cometimento de suas normas jurídico-religiosas. Trata-se da constituição da influência como autoridade, como uma espécie de tentativa de rechaçar, previamente, uma possível desconfirmação à soberania Tudor, criminalizando atitudes de desafio à ordem estabelecida, com o intuito de reafirmá-la.[32]

Segundo Bárbara Heliodora, esta nova imposição dogmática era supostamente justificada pela ideia de que "Deus velava pelo homem, já que seu destino era ligado à ordem total do universo, na qual a harmonia de toda a criação do Estado e de cada alma em particular era unida, vitalizada e justificada no cumprimento dos desígnios de Deus".[33]

Isto equivale, em termos pragmáticos, a generalizar a influência por reputação, ou seja, neutralizando conteúdos possivelmente subversivos. Esta vinculação da ideia de rebelião, como pecado, fazia do homem parte de uma ordem divinamente constituída, na qual qualquer tipo de desobediência à ordem do Estado também seria um desrespeito à lei de Deus. Em princípio, o único limite da autoridade real era o da impossibilidade do magistrado forçar o indivíduo a ir contra as leis das sagradas escrituras, o que garantiria uma racionalidade pragmática discursiva.[34]

---

31 HELIODORA, Bárbara. *Op. cit.*, 1978, p. 56.

32 HELIODORA, Bárbara. *A expressão dramática do homem político em Shakespeare.* Rio de Janeiro: Paz e Terra, 1978, p. 57.

33 HELIODORA, Bárbara. *Op. cit.*, 1978, p. 58.

34 HELIODORA, Bárbara. *Op. cit.*, 1978, p. 59 e 60.

A rebelião era um pecado, mas não se pode obedecer a reis, magistrados ou quaisquer outros, se eles nos mandarem fazer qualquer coisa contrária aos mandamentos de Deus. O movimento protestante foi anárquico no sentido de desafiar a autoridade da Igreja Católica como intérprete do texto sagrado e do Papa como figura simbólica do poder. Para consolidar esta nova cadeia normativa, criada a partir da reação "desconfirmadora", novas bases teológicas foram construídas para a manutenção das novas estruturas do poder, como regras de calibração, garantidoras da imperatividade do governo Tudor.

Neste contexto dogmático de poder, em 1547, foi publicado o primeiro livro das homílias, o famoso *First Book of Homilies*, contendo uma série de 12 homílias, claras, objetivas e de fácil comunicação. Elas passaram a ser lidas obrigatoriamente nas igrejas, aos domingos, em substituição aos sermões individualmente preparados pelos sacerdotes locais, uma vez que eles, por serem formados pela doutrina antiga, eram proibidos de propagar sermões de sua própria autoria. A homilia mais famosa é a décima, que expõe o "direito divino dos reis, a doutrina da não resistência, o princípio da natureza passiva e a natureza pecaminosa da rebelião." Reproduzimos alguns trechos aqui:

> *Deus Todo-Poderoso criou e designou todas as coisas, no céu, terra e águas, na mais excelente e perfeita ordem. No céu ele designou ordens distintas e classes de arcanjos e anjos. Na terra, designou reis, príncipes, com outros governantes sob eles, tudo em boa e necessária ordem (...) Cada grau de gente em sua vocação, profissão e ofício tem para si o seu dever e ordem. Alguns em grau elevado, outros em humilde, alguns reis e príncipes, alguns inferiores e súditos, padres e leigos, amos e servos, pais e filhos, maridos e mulheres, ricos e pobres, e cada um tem necessidade do outro, de modo que em todas as coisas deve ser louvada e aplaudida a boa ordem de Deus, sem a qual nenhuma casa, ou cidade, ou comunidade, pode continuar a resistir. Pois onde não há ordem certa, reina o abuso, liberdade carnal, anomalia, pecado e confusão Babilônica. Remova-se os reis, príncipes, governantes magistrados, juízes e tais classes da ordem de Deus, homem nenhum poderá cavalgar ou passar na estrada sem ser roubado, homem nenhum dormirá em sua casa ou cama sem ser morto, homem nenhum manterá sua esposa, filhos propriedade em tranquilidade, todas as coisas serão comuns e daí seguir-se-á necessariamente todo o mal e completa destruição tanto de almas, corpos, bens de comunidades.* [35]

Este livro foi suprimido pela católica Mary Tudor, porém, em 1562, no quarto ano do reinado de Elizabeth, uma nova edição da coletânea foi produzida. No ano seguinte, um segundo livro com vinte discursos foi editado e, em 1571, a monumental *On disobedience and sinful rebellion*, dividida em seis par-

35 HELIODORA, Bárbara. *Op. cit.*, 1978, p. 64.

tes, foi publicada. Nesta obra, percebemos a ênfase na generalização do poder como influência por meio da reputação, da aceitação justa da ordem religiosa protestante e da liderança, visando à garantia do consenso presumido de terceiros em torna da autoridade metacomplementar da realeza.

Considera-se que esta homilia foi lida pela primeira vez em Stratford, em 1573, quando Shakespeare tinha dez anos de idade. Como uma forma de violência simbólica, ela foi criada para dissimular as relações de força que ameaçavam a Rainha de forma marcante, e garantir a obediência civil, imunizando a governante, garantindo a validade jurídico-religiosa de seus mandamentos contra possíveis reações desconfirmadoras. Por isso, a inversão dogmática do ônus da prova que constituiu foi além do já institucionalizado "direito divino dos reis", superando a máxima: "todo direito é válido porque é divino". Ela passa a constituir o que a autora chama de um "direito divino dos reis que divinamente designado e imbuídos de qualidades semidivinas como delegados de Deus na terra". Isto implicava a aceitação contrafática de que mesmo os governantes tiranos e maus para com os governados devem ser obedecidos. É perceptível que, ao nível pragmático, este dogma da *"obediência cega"* poderia caracterizar um tipo de discurso irracional e abusivo, pois, sutilmente, ele acaba inaugurando uma nova cadeia normativa, ao lado daquela imposta pelo tradicional direito divino dos reis. Uma nova cadeia normativa que dificilmente poderia ser calibrada e sustentar a sua imperatividade de forma satisfatória, chegando a ser autodestrutiva.

Na visão inteligente de Bárbara Heliodora, que refuta as tradicionais interpretações de Alfred Hart e Tillyard, Shakespeare não teria assimilado, cegamente, os ensinamentos que recebeu em Stratford em relação ao direito divino dos reis. O seu teatro seria muito mais a exposição crítica e revelada desta violência simbólica e não a sua reprodução, na forma de um contrapoder. Sua genialidade e seu talento artístico o levaram a manipular os fatos históricos de forma única e original, reinterpretando trabalhos anteriormente divulgados. Todo o complexo de ideias dominantes no mundo elisabetano foi trabalhado para viabilizar uma comunicação valorativa com o público da época.[36]

A autora reconhece que a influência das homilias é mais perceptível na chamada primeira tetralogia *Henrique VI,* partes I, II e III *e Ricardo III.* O bardo também foi influenciado por Maquiavel, mas, inicialmente, considera-se que ele deve ter tido acesso a uma tradução francesa distorcida, feita por Innocent Gentillet, que teria feito da obra uma espécie de bode expiatório do ódio nutrido por grande parte dos franceses a Catarina de Médici e seus assessores florentinos. Esta influência seria notada, principalmente, em *Ricardo III,* da primeira tetralogia, em que o protagonista parece ser a representação da falta de

36 HELIODORA, Bárbara. *Op. cit.*, 1978, p. 108 a 110.

humanidade e da consciência imoral em estado puro, sem muita ambiguidade, e a usurpação encarada como um mal em si mesmo, como determinava as homílias. Ele não apenas elimina parte da própria família, mas também seus próprios colaboradores. Nesta obra, constata-se que a percepção do caráter interativo e reflexivo do poder ainda estava em processo de construção dramática.[37] Segundo a autora, "*Ricardo III* projeta a imagem da manipulação do poder por um único indivíduo, ele domina completamente a ação. Ele é o 'maquiavélico' de Gentillet, destituído de sentido político essencial, orientado apenas por um gozo pessoal de poder."[38]

No famoso diálogo de abertura, ele exibe a sua vilania artística ao público, seus planos mórbidos de subida ao trono, com senso de humor ácido, dizendo:

> GLOSTER
> *Por meio de conjuras, arriscadas*
> *Insinuações, insanas profecias,*
> *Pasquins e invencionices, mortal ódio*
> *Mantenho entre o monarca e o irmão Clarence.*
> *Ora, se o Rei Eduardo for tão justo,*
> *Tão veraz quanto eu sou falso e traiçoeiro,*
> *Clarence vai ser hoje transferido*
> *Por causa de uma tola profecia*
> *Segundo a qual um G será assassino*
> *Dos herdeiros de Eduardo. Pensamentos,*
> *Mergulhai, pois Clarence vem chegando.* [39]

Já a chamada segunda tetralogia é muito mais complexa e atual, pois resulta de uma manipulação de fatos históricos para mostrar as relações de força dissimuladas, que estão na base do direito divino dos reis. Vamos iniciar as nossas análises para este livro com o estudo da peça *Ricardo II*, que aprofunda esta perspectiva de forma magistral. Para tanto, faremos um estudo detalhado das principais movimentações pragmáticas das relações de poder presentes no drama do rei que acreditou na existência concreta de seu direito divino. A seguir, analisaremos, a partir da mesma metodologia, as tragédias *Júlio César* e *Coriolano*, que retratam crises políticas ocorridas no período da república romana. Em *Júlio César*, temos a ingênua figura de Brutus, que desconhece a relação entre poder e violência simbólica, dissimulada na linguagem. Em contrapartida, *Coriolano* é um general romano que desafia o uso da violência simbólica e a visão interativa de poder, por meio do uso da violência física e da reafirmação de uma

37 HELIODORA, Bárbara. *Op. cit.*, 1978, p. 161.

38 HELIODORA, Bárbara. *Op. cit.*, 1978, p. 178.

39 SHAKESPEARE, William. *Ricardo III. Shakespeare, dramas históricos*. Tradução de Carlos Alberto Nunes. Rio de Janeiro: Editora Agir, 2008, p. 485.

visão não interativa, mas aristocrática, de poder. Por derradeiro, percorreremos as trilhas mágicas da peça fabular *A tempestade,* na qual Próspero irá desafiar o uso destrutivo da violência simbólica abusiva na política e na magia, por meio do amor e do perdão, superando a tragédia de Coriolano. Em todas elas, o tema do poder e da legitimidade mostra-se crucial e aparece, de alguma forma, relacionado ao abuso comunicativo. O aspecto interativo é diverso, mas o cenário de crise política é comum a todas as obras.

Capítulo 3

Ricardo II

Estende-se a devastação por toda
tua terra. Ah! Se teu avô pudesse
ter sabido que o filho de seu filho
viria ser a ruína de seus filhos,
longe de ti ele teria posto
tua grande desonra e te haveria
deposto antes de seres empossado
na posse que depor te ameaça agora.
Sim, primo, embora fosses rei do mundo,
seria vergonhoso hipotecares
este país. Cingindo-lhe o teu mundo.[1]
(João de Gaunt)

Considera-se que a pesquisa histórica do drama *Ricardo II* tenha sido extraída da obra de Holinshed, *Crônica da Inglaterra, Escócia e Irlanda*. Inaugurando a chamada segunda tetralogia, Shakespeare fará uma reconstrução dramática dos fatos históricos que provocaram a Guerra das Rosas, retratada na primeira tetralogia. Se na primeira interessava estudar aspectos da luta pelo poder para tornar-se rei, na segunda, vemos a discussão da ideia de como o rei ungido se posiciona em relação ao poder.[2] Segundo Bárbara Heliodora, seria equívoca a ideia de Hart sobre *Ricardo II* ser a peça afirmadora da teoria do direito divino dos reis, pois a visão de Shakespeare seria mais sutil e irônica, já que o personagem, e não o autor, assim pensava. Para ela, a peça não seria uma reafirmação do exercício da violência simbólica do poder político-jurídico, mas a sua própria exposição em termos interativos, na medida que

1 SHAKESPEARE, William. Ricardo *II. Shakespeare, dramas históricos.* Tradução de Carlos Alberto Nunes. Rio de Janeiro: Editora Agir, 2008, p. 81.

2 HELIODORA, Bárbara. *Por que ler Shakespeare?* São Paulo: Globo, 2008, p. 54.

mostra a diferença entre ter sangue sagrado e sagração, que torna o rei efetivamente sagrado, no seu agir. E, principalmente, mostra o confronto entre a "realeza de seu comportamento e sua impressionante incompetência como monarca". É notório o fato de que Shakespeare teve de contornar a censura política, ressaltando o carisma poético do Ricardo. Porém, é igualmente documentado que, nas duas publicações feitas no tempo em que Elizabeth I ainda estava viva, a cena da abdicação forçada foi cortada.[3]

Ricardo recebeu a coroa como herança aos nove anos, tendo adquirido muitos privilégios antes de assumir responsabilidades. Embora seu *homo demens* fosse emocionalmente ligado à poesia, o que justifica o fato de a peça inteira ter sido escrita em versos, não há nele qualquer percepção racional de suas falhas em termos políticos. A análise tem como referência, além do texto da peça, duas montagens que tive a oportunidade de assistir no teatro londrino. A primeira, em 2000, dirigida por Jonathan Kent, tendo o ator Ralph Fiennes no papel do rei Ricardo. A segunda, em 2012, dirigida por Michael Grandage, no *Donmar Warehouse Theatre*, tendo o ator Eddie Redmayne como protagonista.

Nesta obra, percebe-se que Shakespeare já havia feito uma releitura de Maquiavel sem a visão deturpada de Gentillet, que passa a influenciar a sua visão mais objetiva em torno do fato político a ser analisado com critérios próprios, dissociado das sanções aparentemente teológicas, que na verdade foram elaboradas para o fortalecimento da dinastia Tudor, inculcando a crença de que eles eram divinamente indicados pela *lei natural.*[4]

Bloom considera a composição *Ricardo II* uma das melhores peças históricas ao lado de *Henrique IV,* parte I e II e *Henrique V.* Ele caracteriza Ricardo como um rei incompetente, que seria, ao mesmo tempo, um poeta metafísico interessante. Um rei que foi vitimado pela sua própria psique, e também mostrou ser um ser humano inadequado. Todavia, Shakespeare não nos faz sofrer por ele, mesmo quando ele é deposto e morto.[5]

Na interpretação de Rebecca Lemon, em seu interessante artigo intitulado *Shakespeare's Richard II and Elizabethan Politics* não há nenhuma evidência de que a peça foi usada como um estímulo para a ação imediata contra *Elizabeth I* ou seus assessores. No entanto, a peça endereça algumas das perguntas políticas mais cruciais da era elisabetana.[6] Fala de sucessão, tirania,

---

3 HELIODORA, Bárbara. *A expressão dramática do homem político em Shakespeare.* Rio de Janeiro: Paz e Terra, 1978, p. 116 a 118.

4 HELIODORA, Bárbara. *Op. cit.,* 1978, p. 249.

5 BLOOM, Harold. *The Invention of the human.* New York: Riverhead Books, 1999, p. 252.

6 Este artigo foi lido em PDF, em 2012. Não temos cópia da eventual versão publicada.

monarquia, de direito divino, popularidade, favoritismo, das despesas do Estado e da participação militar na Irlanda. Shakespeare não apenas encena o espectro da liderança tirânica, mas também localiza a origem desta tirania: ela emerge da ingênua fé do rei no direito divino, que, de fato, teria apenas um papel retórico e político de sustentação do domínio Tudor.

Segundo a autora, a teoria política do direito divino, revelada na peça de Shakespeare, é antagônica à negociação, a comunicação de elementos cruciais para o sucesso de um governo terreno. Ricardo ameaça direitos de propriedade, elimina seus opositores e insiste em afirmar o seu direito de governar acima da lei. Quando um monarca ignora humanos articulados, alegando a sua própria divindade implacável, seu resultante governo sem lei representa um abuso de poder, podendo provocar a erosão do Estado. A fé de Ricardo em sua soberania divina o leva à sua rigidez e ilegalidade, minando a prática inglesa de governança com base em costume e consentimento. A doutrina moderna do direito divino dos reis, desenvolvida na sequência da reforma protestante, posiciona o governante acima da lei, comandando a absoluta obediência de seus súditos. Ricardo está confiante de ter precisamente tais direitos: ele acredita que o monarca é um ungido por Deus, impõe regras acima da lei, comandos e obediência absoluta dos seus súditos.

A peça inicia mostrando a tirania do rei: Ricardo encomendou o assassinato de um de seus súditos, o Duque de Gloucester, e neste momento, Bolingbroke confronta diretamente o homem culpado de praticar o crime, Mowbray. Este confronto representa um problema sério para Ricardo, então ele resolve banir estes homens. Ao fazê-lo, ele expressa o interesse pessoal do tirano, eliminando sistematicamente seus próprios adversários. A próxima decisão política do rei é igualmente tirânica: ele ilegalmente apreende as propriedades de Gaunt, pai de Bolingbroke. O rei assim transgride um dos mais fundamentais direitos dos sujeitos, ou seja, o direito à propriedade. Ele desafia o próprio processo de sucessão e também incita Bolingbroke à revolta. Ele é punido como traidor, ao ser deserdado, antes mesmo de se rebelar.

Observamos, nas colocações de Lemon, questões cruciais que tocam de forma instigante na visão do poder político-jurídico, em termos interativos e pragmáticos, quando relaciona as noções de tirania, abuso de poder e deposição que serão tratadas em detalhes nos próximos capítulos. O erro de Ricardo foi agir de forma abusiva, acreditando, ingenuamente, em seu próprio direito divino. Falta a ele a visão de poder, como relação, em termos interativos.

É importante destacar que esta, assim como as demais peças históricas, faz uma manipulação consciente e criativa que altera fatos históricos para alcançar certos objetivos dramáticos, mostrando o drama e as trágicas consequências de uma confiança cega do rei em seu direito divino. A decisão de

Ricardo de confiscar todo o patrimônio de João de Gaunt, duque de Lancaster, impedindo que seu filho Bolingbroke herde os bens do pai, como seria estipulado por lei, acaba por abalar a própria base da estrutura legal da sucessão graças à qual ele mesmo herdou a coroa. O confisco manifesta uma comunicação abusiva e defeituosa, sendo sua deposição uma revogação automática de sua autoridade, nos termos já expostos da pragmática jurídica.[7]

Shakespeare percebeu e expôs a violência simbólica do discurso religioso persuasivo das homilias, que almejava reforçar a autoridade, a reputação e a liderança da dinastia Tudor, dissimulando as relações de força, expostas nas lutas feudais, na tentativa de reforçar um governo monárquico unificado, que fosse sustentado no uso político das sanções religiosas para a garantia da obediência civil e para a condenação da rebelião. Embora sua obra, no todo, preserve uma ética cristã sem uma definição específica (católico, protestante, puritano), ao mesmo tempo, mostra certo ceticismo em relação à Igreja anglicana organizada, em termos espirituais. No entanto, ao mesmo tempo, destaca a sua força política e social na comunicação de valores e posições que eram institucionalizadas perante a população. Ele teria usado a religião em seu teatro do mesmo modo que os Tudors a utilizaram em seu governo, ambos sem convicção pessoal de vivência espiritual, ainda que de maneira inversa: os monarcas como violência simbólica de legitimação de seu poder e o bardo como exposição artística e crítica desta mesma violência simbólica.[8]

Há um consenso entre os estudiosos, reforçado por Bárbara Heliodora, de que Shakespeare conhecia a obra de Plutarco, intitulada *The Lives of the Nobles Grecians and Romans,* que o teria influenciado no abandono do conceito medieval da tragédia como exposição da inevitável queda de todo homem que alcança o poder, que é determinada pelo destino ou pela providência divina. Agora, o chamado "destino trágico" é fruto das ações humanas concretas, no relacionar de causas e consequências em termos interativos e da falta de sujeição do indivíduo às exigências da sua função pública.[9] Plutarco não conheceu os princípios cristãos e oferece inúmeros exemplos de homens que não "herdaram", mas "conquistaram", o poder e foram excepcionais governantes. Shakespeare, com muita sensibilidade e compaixão humana, promove uma espécie de "julgamento pragmático e objetivo da mecânica das ações públicas" no desvelar das verdadeiras motivações das ações humanas por detrás das justificativas aparentes ostensivas.[10]

7 HELIODORA, Bárbara. Op. cit., 1978, p. 127.

8 HELIODORA. Bárbara. *Op. cit.*, 1978, p. 144 e 145.

9 HELIODORA, Bárbara. *Op. cit.*, 1978, p. 147.

10 HELIODORA, Bárbara. *Op. cit.*, 1978, p. 150.

Todo o primeiro ato expõe a situação comunicativa normativa da realeza constituída. Na cena inicial de *Ricardo II*, vemos uma intenção aparente de confirmação solene e formal da autoridade metacomplementar do rei, considerado um legítimo herdeiro da coroa, na condição de "ungido de Deus". O seu direito divino de governar, supostamente, garantiria a inversão dogmática do ônus da prova do aspecto-cometimento de suas normas e institucionalizaria a sua condição de terceiro comunicador normativo do regime monárquico, generalizando também sua reputação em impor certos conteúdos normativos, diante de um conflito jurídico instaurado no reino. Henry Bolingbroke, primo do rei, acusa abertamente Thomas Mowbray, duque de Norfolk, de ter comandado todos os atos ilegais cometidos no reino nos últimos 18 anos, como o desvio de fundos destinados ao pagamento das tropas, além de ser culpado pelo assassinato de duque de Gloucester, tio do rei. A pompa e o formalismo mostram que ele era dependente da comunicação visual ostensiva da sua realeza herdada: ele tem de parecer um rei que, em termos pragmáticos, controla a seletividade das reações dos sujeitos, que podem apenas confirmar ou rejeitar suas determinações legais.[11] Esta formalidade atua como uma espécie de violência simbólica, dissimuladora do ódio que está na base da comunicação heterológica dos dois duques.

> BOLINGBROKE
> *Vede: o que eu vou dizer provo-o com a vida.*
> *Mil nobres como empréstimo do soldo*
> *do exército de Vossa Majestade,*
> *que ele desviou para uso inconfessável,*
> *como biltre injurioso e vil traidor.*
> *Afirmo, ainda, e provarei na liça,*
> *aqui ou alhures, ou nas mais distantes*
> *paragens que o olho inglês possa ter visto,*
> *que todas as traições imaginadas*
> *durante estes dezoito anos*
> *têm no falso Mowbray a fonte e a origem.*
> *Digo mais, e pretendo sustentá-lo,*
> *tirando-lhe a existência miserável*
> *porque surja a verdade que ele a morte*
> *Deu ao duque de Gloster, por ter feito*
> *sugestões aos seus crédulos inimigos*
> *e, assim, como traidor e pusilânime*
> *em sangue lhe afogou a alma inocente*
> *sangue esse que me grita, como sangue*
> *de Abel sacrificado, das cavernas*
> *mudas de toda a terra, reclamando justiça pronta e justa punição*
> *por meus avós, eu perderei a vida*
> *ou lhes darei a pena merecida*[12]

---

11 HELIODORA, Bárbara. *Op. cit.*, 1978, p. 250 e 251.

12 SHAKESPEARE, William. *Ricardo II. Shakespeare, d*ramas históricos. Tradução de Carlos Alberto Nunes. Rio de Janeiro: Editora Agir, 2008, p. 71.

> REI RICARDO
> *Ouvidos e olhos imparciais eu tenho*
> *Tomás Mowbray, se irmão ele me fosse,*
> *digo mais; se fosse herdeiro da coroa*
> *com ser apenas filho do meu tio*
> *juro pelo respeito do meu cetro*
> *que a vizinhança ao nosso sacro sangue*
> *privilégio nenhum lhe ensejaria,*
> *nem deixaria parcial a inabalável firmeza de minha alma íntegra e justa.*
> *É meu vassalo, como ele é também*
> *fala, pois, sem receio de ninguém.*[13]

Por trás do formalismo solene (dever/ser) que confirma a imperatividade real, somos informados de que o próprio rei mandou Mowbray executar seu tio, o duque de Gloster (ser), o que evidencia uma distância entre o mundo normativo (violência simbólica do discurso) e o mundo factual (violência real ou força física). Há uma cena em que outro tio do rei, João de Gaund, recusa-se a atender ao pedido de sua cunhada, viúva de Gloster, para que vingue a morte do duque, alegando que as queixas da viúva deveriam ser dirigidas a Deus. Ele claramente confirma a autoridade do rei Ricardo, tem a sua seletividade de ação guiada por ele, no sentido de aceitação dogmática da tradição do direito divino, que desconsidera qualquer elemento interativo entre governantes e governados.

> GAUNT
> *É de Deus a questão, porque essa morte*
> *foi causada por seu representante,*
> *o mensageiro ungido em seu conspecto.*
> *se um crime cometeu, que Deus o puna,*
> *porque eu jamais levantarei o braço*
> *vingador para ir contra o seu ministro.*[14]

A decisão em torno das acusações da prática de atos ilegais feitas pelo primo Henrique Bolingbroke a Tomás Mowbray (duque de Norfolk), em princípio, seria realizada por meio de um duelo judiciário, equivalente ao "juízo de Deus", mas Ricardo, reafirmando a sua metacomplementaridade de soberano, quando diz "não temos por costume pedir nada, senão dar ordens" o suspende, na última hora. Ele determina a pena de banimento para o primo por seis anos e para Norfolk por toda a vida, exigindo deles um juramento divino (confirmado por ambos) de que jamais viessem a se unir no exílio e tramar alguma coisa contra o Estado, os vassalos e a Inglaterra. Antes da decisão de

13 SHAKESPEARE, William. *Op. cit.*, 2008, p. 73.

14 SHAKESPEARE, William. *Op. cit.*, 2008, p. 73.

Ricardo, todavia, tanto Bolingbroke como Mowbray confirmam a autoridade metacomplementar e divina do rei, assumindo a condição de sujeitos na interação comunicativa.

> BOLINGBROKE
> *Permite, marechal, que a mão eu beije*
> *de sua Graça e que os joelhos dobrem*
> *ante o meu rei, porque Mowbray e eu próprio*
> *somos como pessoas que se aprestam*
> *para uma viagem longa e cansativa.*
> *permiti, pois façamos despedida*
> *cerimoniosa e adeus muito saudoso*
> *aos amigos que ficam presenteemos.*
>
> MOMBRAY
> *Como a Fortuna e o céu determinarem*
> *vai morrer ou viver aqui um súdito*
> *fiel ao rei Ricardo, um gentil-homem*
> *honrado leal e justo.*[15]

Logo a seguir, na quarta cena, Ricardo aparece rodeado por seus bajuladores e reconhece, de forma fútil e maliciosa, que o povo estima o primo banido, o qual sempre se mostrou gentil e comedido e bom manipulador da retórica. Segundo Bárbara Heliodora:

> *A necessidade dramática era vermos Ricardo em pleno esplendor real, ouvindo as queixas de seus súditos com superioridade e suposta imparcialidade, vivendo com perfeição o seu papel, ao menos na aparência. Mas agora já sabemos que, sendo ele o responsável, é na verdade um ator que, para usufruir até o fim de sua posição de mando, deixa que se façam todos os preparativos, que se cumpra o ritual dos desafios, para, no último momento, como o Anjo que salva Isaac do sacrifício, dar ainda uma mostra de seu poder, evitando o derramamento de sangue e banindo os dois contendores.*[16]

> REI RICARDO
> *Nós próprios, Green aqui, Bagot e Bushy*
> *observamos como ele costumava*
> *bajular o povinho, parecendo*
> *mergulhar-lhe no peito com saudades*
> *de cortesia familiar e humilde;*
> *como se para o exílio carregasse*
> *a afeição deles todos. Pois se o gorro*
> *Tirou para uma vendedora de ostras!*
> *Dois carroceiros lhe gritaram: "Possa*

15 SHAKESPEARE, William. *Op. cit.*, 2008, p. 75.

16 HELIODORA, Bárbara. *A expressão do homem dramático em Shakespeare*. Rio de Janeiro: Paz e Terra, 1978, p. 252.

Deus vos servir de guia!" Ao que o tribuno
receberam de seus maleáveis joelhos
com "Meus compatriotas! Agradeço-vos
de todo coração, caros amigos!"
Como se por herança ele tivesse
recebido a Inglaterra e da esperança
dos meus súditos fosse o degrau próximo.[17]

Ao saber da grave doença repentina de seu tio Gaunt, Ricardo, que está preocupado com a revolta da Irlanda, afirma com cinismo:

REI RICARDO
Deus, sugere a seu médico que o ajude
a baixar, sem demora, para o túmulo!
O forro de suas arcas vais servir-nos
para enroupar os homens que levarmos
para as guerras da Irlanda. Gentis-homens,
vinde comigo! Vamos visitá-lo.
Ainda que no caminho não paremos,
Deus queira que cheguemos muito tarde.
Amém.[18]

Em contraposição a este primeiro, que, aparentemente, reforça a autoridade legítima do rei Ricardo, todo o segundo ato da peça mostra os abusos de comunicação normativa propagados por ele, que irão comprometer a institucionalização de sua autoridade. Logo a seguir, todo o "ser" das ações políticas abusivas de Ricardo calcadas na sua "mocidade inconstante e irresponsável" e sua atuação como mau governante são reveladas ao público abertamente. Ele confunde as noções de violência e poder, e constatamos que a denúncia feita por seu primo Bolingbroke era legítima. Suas preocupações em vencer a guerra na Irlanda fazem com que ele eleve excessivamente os tributos, efetue confiscos e arrende bens da coroa a um de seus asseclas, o conde de Wiltshire. Na véspera de sua morte, seu tio João de Gaund, mais consciente dos abusos, censura os seus atos e antecipa a ruína do Rei, destacando sua ilegalidade, mas não é ouvido. Ricardo ameaça o tio de morte, ao final do diálogo:

REI RICARDO
Adulam moribundos aos que vivem?

GAUNT
Não; tu morres embora seja eu o doente.

REI RICARDO

17 SHAKESPEARE, William. *Ricardo II. Shakespeare, dramas históricos.* Tradução de Carlos Alberto Nunes. Rio de Janeiro: Editora Agir, 2008, p. 79.

18 SHAKESPEARE, William. *Op. cit.*, 2008, p. 79.

Estou forte, respiro; tu definhas.

GAUNT
Deus. Que me fez, me diz que de mezinhas
tu precisas e que já te avizinhas,
como eu, do fim da vida. Tens por leito
de morte a própria pátria, onde agoniza
tua reputação. E tu, por seres
um doente negligente, o ungido corpo
aos cuidados confiastes dos que tantas
feridas te causaram: os milhares
de aduladores que se abrigam dentro
da coroa, cujo âmbito, contudo,
se mede apenas pela tua cabeça.
Mas, como ser tão pequeno o ninho deles,
estende-se a devastação por toda
tua terra. Ah! Se teu avô pudesse
ter sabido que o filho de seu filho
viria ser a ruína de seus filhos,
longe de ti ele teria posto
tua grande desonra e te haveria
deposto antes de seres empossado
na posse que depor te ameaça agora.
Sim, primo, embora fosses rei do mundo,
seria vergonhoso hipotecares
este país. Cingindo-lhe o teu mundo
a ele somente, é mais do que a vergonha
desonrá-lo a esse ponto. És o intendente
da Inglaterra, tão só, não o seu monarca.
O Estado soberano à lei se curva;
Mas tu...

REI RICARDO
És um lunático sem miolo,
que te vales de febre, como se ela
te concedesse privilégio para
com teus glaciais conselhos nos deixares
pálido o rosto, o sangue real tocando,
colérico, de sua residência
natural. Pois pela majestade
do meu trono, se acaso tu não fosses
irmão do filho do magnífico Eduardo,
essa língua que rolas na cabeça
com tal desembaraço, te faria
também rolar dos ombros a cabeça.[19]

Depois da morte de Gaunt, Ricardo consolida o seu definitivo ato de arbítrio, sem qualquer respeito humano ao tio, na época considerado o mais poderoso e rico duque da Inglaterra. Apropria-se de seus bens para despesas militares na guerra com a Irlanda, que, por direito, cabiam ao filho Henrique,

19 SHAKESPEARE, William. *Op. cit.*, 2008, p. 81.

exilado por determinação normativa do rei. Segundo Bárbara Heliodora, todo o seu comportamento é de tal irresponsabilidade que até mesmo o tranquilo e conciliatório York explode de indignação contra todos os crimes e desmandos do sobrinho-rei. Lembra-lhe de que seu pai sempre soube ser dócil para com os amigos, reservando a sua fúria para os inimigos franceses. Sempre gastou o que ganhava, em lugar de malbaratar o conquistado por seu sucessor. York ressalta que Bolingbroke sempre foi leal ao confirmar a autoridade do rei e desconfirmar o seu direito legal de sucessão poria em risco a própria condição de rei. Seria uma comunicação normativa abusiva nos termos da pragmática jurídica, e York já antecipa a iminente crise de legitimidade do governo do rei Ricardo.[20]

REI RICARDO
(...) É de vulto o empreendimento,
mas impõe-nos despesas excessivas.
Em vista disso, nós nos apossamos
da prataria, do dinheiro e rendas,
acrescidas de todos os bens móveis
pertencentes ao nosso tio Gaunt.

YORK
Como! É vossa intenção vos apossardes
dos bens e dos direitos soberanos
do banido Hereford? Não morreu Gaunt?
Gaunt, assim como leal sempre foi Harry?
Herdeiro não merece ter aquele?
Não é um filho digno o seu herdeiro?
espoliar Hereford de seus direitos
equivale a tomar do tempo as cartas
de privilégio e o seu direito usual
desse modo impedis que o dia de hoje
tenha por sucessor o de amanhã
por que sois rei, senão por descendência
legal e sucessão? Digo, portanto,
diante de Deus — não queira Ele que seja
verdade quando eu falo! Se espoliardes
sem razão, Hereford de seus direitos,
e não quiserdes receber as cartas
patentes com que o seu representante
reclamar a sua posse e vassalagem,
sobre vós mesmo chamareis milhares
de perigos, vireis a perder muitos
corações afetuosos, obrigando
minha terna paciência a pensar coisas

20 HELIODORA, Bárbara. *A expressão do homem dramático em Shakespeare*. Rio de Janeiro: Paz e Terra, 1978, p. 255.

que a honra e a obediência me proíbem.[21]

Diante desta comunicação abusiva, cega a qualquer advertência séria de Gaunt ou de York, o caráter interativo e pragmático do poder começa a se evidenciar. O rei vai para a Irlanda, após confiscar todos os bens, nomeando o mesmo tio York, tido como leal, para o governo do reino. Sua institucionalização se fragiliza, a confirmação de terceiros aparece como fictícia, já que os próprios nobres, antes bajuladores do rei, ficam muito descontentes e preparam-se para revogar a autoridade de Ricardo. Para tanto, aliam-se a Bolingbroke, que está voltando para a Inglaterra com oito navios e três mil homens, e aguarda que o rei vá até a Irlanda para armar a conspiração. O rei hipotecou o reino, atuando como um "comerciante falido". Aqui expomos trechos importantes do diálogo "desconfirmador" dos nobres:

NORTHUMBERLAND
É vergonhoso que estas injustiças
se pratiquem com um príncipe de sangue
e com outros mais de nobre nascimento
nesta terra a tal ponto decadente.
O rei mudou demais; guiado se acha
por vis aduladores. Tudo o que estes
lhe alvitram contra nós, movidos de ódio,
põe em prática o rei, severamente
contra nossa fazenda, a vida e os filhos.

ROSS
Sobrecarrega o povo com pesados
impostos, o que a todos dele afasta;
multou, por questões velhas, muitos nobres,
o que todos, também, afasta dele.
Todos os dias surgem novas taxas,
como letras em branco, dons gratuitos
e coisas desse gênero, Dizei-me,
por Deus, que nos virá de tais processos?
Meios não teria
para a guerra da Irlanda, não obstante
seus pesados impostos, se não fosse
roubar a herança do exilado duque.

NORTHUMBERLAND
O opróbrio e a ruína pendem sobre ele.
Seu digno primo. Oh, que monarca abjeto![22]

Bolingbroke volta à Inglaterra para reclamar a sua herança por direito e o próprio tio de Ricardo, duque de York, que assumiu o lugar de regente,

21 SHAKESPEARE, William. *Op. cit.*, 2008, p. 83.

22 SHAKESPEARE, William. *Op. cit.*, 2008, p. 83.

enquanto ele está na Irlanda, adere ao ato "desconfirmador". A princípio tenta, ainda, preservar a autoridade do rei, alegando que Bolingbroke, um traidor banido, rejeita, ilicitamente, um rei ainda legítimo. Mas Bolingbroke nega a sua própria condição de traidor, não considera ilícita a sua atitude, dizendo que "foi banido como Hereford, mas volta como Lencastre."[23]

Segundo Bárbara Heliodora:

> *O sequestro dos bens de Gaunt, de forma aberta, provoca revolta violenta e é considerado como um abalo ao próprio sistema político que sustenta o príncipe, na medida que os nobres, cujos títulos e propriedades foram igualmente adquiridos por herança, se sentem imediatamente ameaçados e, no mesmo instante, passam a enumerar os mais variados erros e excessos do rei, apontando-o como responsável por uma evidente decadência do reino. Estão todos prontos a considerar que Ricardo está roubando o duque banido.*[24]

Na visão de Antônio Cândido, ocorre uma "*transgressão política*" a partir desta atitude normativa de Ricardo, que pode colocar em risco a relação autoridade/sujeito ou mesmo desintegrá-la. Esta noção de transgressão estaria próxima do que, em termos pragmáticos, chamamos de *desconfirmação da autoridade*. Segundo o mesmo autor, seria possível fazer uma leitura quase funcionalista da teoria dos papéis desta obra shakespeariana, pois na peça a estrutura de mando teria três elementos básicos: um princípio geral que a justifica, uma função que a encarna e uma pessoa que a exerce. O princípio é o direito divino dos reis, inato e de ordem biológica, pois é hereditário e se transmite pelo sangue; a função é a realeza, que depende de uma unção no momento da investidura e é de caráter religioso; e a pessoa é Ricardo Plantageneta, um homem brilhante, em termos poéticos, mas volúvel e pouco eficiente em termos de ação política voltada para o interesse dos governados.[25]

Neste mesmo contexto, diz o autor, a legitimidade convencional, não interativa, na sua aparência, é substituída pela legitimidade pragmática da eficiência, que necessita do reconhecimento, não apenas do princípio e da função, mas também da ação dramática da pessoa. O sentido pragmático e interativo do poder é reconhecido quando Antônio Cândido afirma:

> *A peça seria uma desestruturação do mando seguida de uma reestruturação em termos diferentes. Ricardo tem o direito divino e foi investido na realeza, mas é incompetente na sua interação comunicativa com seus*

---

23 HELIODORA, Bárbara. *A expressão do homem dramático em Shakespeare*. Rio de Janeiro: Paz e Terra, 1978, p. 88.

24 HELIODORA, Bárbara. *Op. cit.*, 1978, p. 256.

25 CÂNDIDO, Antônio. "A culpa dos reis: mando e transgressão no Ricardo II". *Ética*. Organização Adauto Novaes, São Paulo: Companhia das Letras, 1999, p. 89.

> *súditos. Seu primo está afastado da linha de sucessão (unção da realeza) mas tem alto grau de eficiência, por isso adquire a legitimidade.*[26]

A ideia de Antônio Cândido em torno da crise no poder está próxima da noção de abuso do poder em termos pragmáticos. Na verdade, as ações normativas de Ricardo são defeituosas, na medida que geram um atentado à ordem que elas deveriam assegurar, comprometendo as imagens ligadas ao sangue e ao direito divino. Elas "anulam" a própria condição de sujeito de Bolingbroke, colocando-o em uma situação existencial insuportável. A violência simbólica do poder é substituída pela coação injusta e explícita, em termos pragmáticos. Mesmo confirmando a autoridade do rei, obedecendo à pena de exílio por seis anos, ele foi punido, de forma igualmente desconfirmadora, já que o apossamento dos bens aparece como uma norma não pertencente a legitimidade de sangue, que garante a hereditariedade. Estas situações de abuso perversas acabam por tornar perceptível a injustiça e a consequente revogação da autoridade. Não pode haver exercício do poder na comunicação normativa, se houver aniquilamento do sujeito. Nas palavras de Antônio Cândido:

> *O rei seria o ápice da sociedade, tudo depende dele, inclusive a distribuição de terra, que produz renda. Em princípio, o rei poderia também tomar estas terras porque é legítimo e a segurança do corpo social depende desta legitimidade. O sangue justificaria o mando e, portanto, a faculdade de dar e tomar terra. Uma vez concedida a terra, ela se transmite por herança do sangue deste alguém, que é legítimo porque emana da legitimidade inerente ao sangue do rei. Esta extensão do princípio da legitimidade origina uma certa limitação, de fato, ao poder do rei, que, em princípio, não teria limite. Com efeito, ao basear a legitimidade no seu sangue ele reconhece a legitimidade que o sangue confere a outras séries hereditárias, cujo mecanismo ele mesmo deve respeitar. Dentro do absoluto poder de mando nascem limitações devidas às normas que o rei deve obedecer para ser obedecido. Ao interromper o fluxo da sucessão entre João de Gaund e seu filho Henrique Bolingbroke, o rei ameaça a legitimidade de seu mando parecendo exercê-la.*[27]

Nos termos da pragmática, como já dissemos, a autoridade soberana é aquela que é apenas emissora e não receptora de normas. Sua supremacia repousa em uma regra de discurso que coloque fora de questionamento as normas editadas por ela e a declare como não submetida a nenhuma regra de outra autoridade que não aquelas que ela mesma determina. Neste sentido, o

---

26 HELIODORA, Bárbara. Op. cit., 1978, p. 89.

27 CÂNDIDO, Antônio. "A culpa dos reis: mando e transgressão no Ricardo II". *Ética*. Organização Adauto Novaes, São Paulo: Companhia das Letras, 1999, p. 90.

conceito de soberania assume um caráter aporético, pois a relação de soberania só se caracteriza se houver complementaridade: um manda e o outro obedece. O soberano é aquele que obedece a si próprio, aquele que é emissor e receptor complementar de si próprio.[28]

Este caráter aporético não pode ser eliminado, por exemplo, pela transformação da regra que viabiliza a noção de soberania em um dogma. Neste caso, teríamos uma forma irracional de discurso, que é claramente percebida nas atitudes de Ricardo. Todo o discurso normativo dogmático deve assumir aporias, mas sempre corre o risco de se absolutizar. Isto ocorre toda vez que ele nega o seu momento dialógico, vendo apenas os seus valores mentalizados, ideologicamente, como os únicos prevalecentes. Neste momento, ele se torna irracional e ilegítimo, de modo que a possibilidade do diálogo pode ser eliminada pela provável ocorrência disseminada de reações desconfirmadoras por parte dos endereçados sociais. É isto que a peça shakespeariana retrata em termos dramáticos. As ações normativas abusivas do rei Ricardo, ao interromper o fluxo da sucessão entre João de Gaund e seu filho Henrique Bolingbroke, são irracionais e ilegítimas, na medida que implicam nesta axiomatização a abusiva do discurso dogmático, que parece afirmar: "no meu governo, a regra última é a de que não existe regra alguma". Mesmo dentro do poder absoluto de mando, o rei deve obedecer a certas normas que ele próprio impõe, para ser obedecido.

Segundo Antônio Cândido, o bardo estabelece uma série de relações simbólicas interativas entre o sangue, a seiva, a terra, entre o homem, a planta, a natureza, entre o poder e a vegetação, entre a saúde-ordem social e a doença-desordem. Por meio destas intercomunicações é que estaria caracterizado o problema do mando e da obediência, da transgressão, da culpa, do legítimo e do ilegítimo.[29] João de Gaunt é um príncipe que possui sangue real, mas se omite diante do assassinato de seu irmão porque o mandante é um "ungido de Deus". Todavia, pouco antes de morrer, quando percebe que o ungido começa a violar direitos que o sangue real dá sobre as fontes de renda, ele anuncia uma desconfirmação verbal, que será concretizada, em termos práticos, pela rebelião do filho, que provocará o destronamento e a morte do rei. Para Cândido, "a saúde do reino é a sua exploração econômica em benefício daqueles cujo sangue legitima os privilégios, que são intangíveis. Quando o rei contraria esta norma, é como se ficasse doente e sua doença se estendesse ao reino, com o qual ele forma um corpo."[30]

---

28 FERRAZ JR., Tercio Sampaio. *Teoria da Norma Jurídica.* Rio de Janeiro: Forense, 1978, p. 179.

29 CÂNDIDO, Antônio. "A culpa dos reis: mando e transgressão no Ricardo II". *Ética.* Organização Adauto Novaes. São Paulo: Companhia das Letras, 1999, p. 92.

30 CÂNDIDO, Antônio. *Op. cit.*, p. 94.

No terceiro ato, temos a propagação da crise de legitimidade do governo de Ricardo e o questionamento sobre sua autoridade. No entanto, ao voltar da Irlanda, ele ainda está certo de que a sua autoridade é absoluta em virtude da unção e ainda permanece "cego" aos aspectos interativos do poder. Quando as más notícias chegam, há um confronto do caráter sagrado da função real, que a princípio seria intangível, e a realidade instável e interativa do jogo político, que culmina na crise de legitimidade, o que provoca em Ricardo a consciência de que a unção religiosa não elimina aspectos interativos e contingentes no mando. Este se mostra como uma complexa "relação de mando/obediência", na qual o agir concreto da pessoa, ligado à condição humana frágil, são determinantes. Seu primo, que sabe manipular os elementos interativos do poder, está prestes a assumir a posição de mando, pois "quando o poder se desarticula, o rei, que teve a sua coroa arrancada da cabeça, torna-se um simples mortal, o homem se separa do rei".[31] As posições de "traidor" e "rei legítimo" se tornam relativas. Também no terceiro ato, temos o último confronto do rei Ricardo, diante do castelo de Flint, com Bolingbroke, suas tropas, York, Nothumberland e outros, antecipando a desconfirmação iminente, já que a força física não pode mais sustentar uma autoridade que enfrenta uma crise de institucionalização. Como estratégia persuasiva, Bolingbroke manda Northumberland dizer para o rei Ricardo, no castelo, que admite suspender a revolta e confirmar a autoridade do rei, desde que seu exílio seja revogado e seus bens restituídos.

> NORTHUMBERLAND
> *A notícia, milorde, é bela e boa, que Ricardo a cabeça escondeu aqui perto.*
>
> YORK
> *Seria conveniente que milorde Northumberland dissesse "o rei Ricardo" que tempo o nosso em que um rei ungido necessita esconder a sacra fronte!*
>
> BOLINGBROKE
> *Harry, sejas bem-vindo. Este castelo, afinal, não se rende a nossa força?*
>
> HENRIQUE PERCY
> *É que ele está, milorde, guarnecido por modo real para impedir-te o ingresso.*
>
> BOLINGBROKE
> *Por modo real! Está algum rei lá dentro?*[32]

31 CÂNDIDO, Antônio. *Op. cit.*, p. 96.

32 SHAKESPEARE, William. *Ricardo II. Shakespeare, dramas históricos*. Tradução de Carlos Alberto Nunes. Rio de Janeiro: Editora Agir, 2008, p. 94.

O rei Ricardo aparece e tenta mais uma vez manter, sem sucesso, sua intocável autoridade divina ao desconfirmar a desconfirmação de Bolingbroke, transformando-a em rejeição criminosa, na forma de traição à sua realeza:

REI RICARDO
Estamos admirados. Muito tempo
ficamos esperando que dobrasses
os trêmulos joelhos, por pensarmos
que nos considerasses rei legítimo.
Se ainda o somos, como se atrevem
teus membros a esquecer o pagamento
da homenagem terrível que é devida
à nossa real presença? Se não o somos,
mostra-me a mão de Deus que nos houvesse
privado do poder. Pois bem sabemos
que mão alguma existe de osso e sangue
capaz de nos arrebatar o cetro,
senão para roubá-lo ou profaná-lo.
E embora imagineis que, a vosso exemplo,
todos do peito os corações tirassem,
para desviar de nós, e que em penúria
nos achamos de amigos: ficai certos
de que Deus, meu senhor onipotente,
para nos socorrer passa revista,
neste instante, nas nuvens, em que possantes
exércitos de pestes, que hão de os filhos
nascituros e ainda os não gerados
atacar dos que a mão vassala ousarem
levantar contra nós e se atreverem
a ameaçar minha coroa excelsa.
Diz a Bolingbroke que cada um dos seus passos
em meu reino é traição horripilante.[33]

Diante da dissimulada submissão de Bolingbroke, respaldada pela ameaça da guerra, uma sutil inversão de poder se consolida, na medida que o rei aceita as reivindicações do primo e passa a uma situação de submissão muito clara, antevendo o seu destronamento e a institucionalização da autoridade de seu antagonista.

REI RICARDO
Que é preciso que o rei faça agora?
Submeter-se? Fá-lo-á. Deixar o trono?
Ficará o rei satisfeito com isto.
Perder o título de rei? Em nome de Deus, que seja assim.
(...) Potente príncipe, lorde Northumberland, que manda
agora, o alto rei Bolingbroke? É da vontade

---

33 SHAKESPEARE, William. *Op. cit.*, 2008, p. 95.

de Sua Alteza que Ricardo viva
até que vinha falecer Ricardo?
Dele e de vós o meu destino aguardo.[34]

Na primeira cena do quarto ato, a capacidade de mandar se finda e a desconfirmação da autoridade do rei Ricardo consolida-se com a abdicação forçada do rei, pois ele é incapaz de neutralizá-la e de imunizar-se como autoridade. Bolingbroke, por sua vez, de usurpador passa a autoridade formadora de uma nova cadeia normativa, com uma nova regra de calibração baseada na efetividade, que é percebida por Antônio Cândido quando diz que "há uma transferência da sua virtude legitimadora a outro 'galho da árvore real', verifica-se um deslocamento do sistema figurativo, as imagens cósmicas e vegetais cedem lugar ao mundo humilde dos artefatos".[35] O Bispo de Carlisle ainda tenta confirmar a autoridade divina do rei, desconfirmando a desconfirmação de Bolingbroke, mas é acusado de crime de traição, o que evidencia a ruptura nas relações de poder e a subida de Bolingbroke ao trono.

CARLISLE
Prouvera a Deus que neste nobre círculo
houvesse alguém bastante nobre para servir
de juiz de direito e justo ao nobre Ricardo. A verdadeira
nobreza, então, lhe ensinaria a abster-se
de semelhante crime. Que vassalo
pode julgar seu rei? E das pessoas
aqui presentes, quem não é vassalo
de Ricardo? Os ladrões só são julgados
após serem ouvidos, até mesmo
quando estão bem patentes seus delitos.
E ora o emblema da própria majestade
de deus, seu capitão representante
por ele eleito, ungido e coroado
há tanto tempo e sobre o trono posto,
vai ser julgado sem presente achar-se
por um sopro interior e dependente?
Deus não permita que em um país cristão
almas de tal quilate a fazer venham
ação tão imoral, odiosa e negra.
A súditos eu falo, como súdito
que em prol de seu monarca Deus inspira.
Milorde de Hereford, aqui presente,
aquele que chamais de rei, é um pulsânime
traidor ao rei do nobre e alto Hereford.

---

34 SHAKESPEARE, William. *Op. cit.*, 2008, p. 96.

35 CÂNDIDO, Antônio. "A culpa dos reis: mando e transgressão no Ricardo II". *Ética*. Organização Adauto Novaes. São Paulo: Companhia das Letras, 1999, p. 101.

NORTHUMBERLAND
Argumentaste bem, senhor. Agora,
pelo vosso trabalho, vos detemos
por crime de traição contra a realeza.

BOLINGBROKE
Trazei Ricardo para que ele possa,
de público, abdicar. Dessa maneira,
ficaremos extremes de suspeita.[36]

A cena em que Ricardo deve confirmar a sua desconfirmação é marcante em termos dramáticos, principalmente porque o novo rei, após receber a coroa, exige que ele leia em voz alta as acusações e confesse, de forma submissa, os crimes bárbaros que cometeu contra os interesses e as leis da Inglaterra. Ele deve confirmar o abuso de poder praticado para que o destronamento seja visto como justo/legal e o povo fique satisfeito. A seguir, o ex-monarca é levado preso à Torre de Londres.

REI RICARDO
Dai-me a coroa. Primo, segurai-a.
Aqui, primo.
Minha mão deste lado; a vossa, no outro.
Assemelha-se agora esta coroa
de ouro a um poço profundo com dois baldes
que em tempos diferentes se enchem de água:
Dança no ar vazio; o outro, no fundo,
cheio de água, é visível. O de lágrimas
cheio, sou eu, que bebo as minhas dores;
ascende o vosso: é todo riso e flores
(...)
Não mando mais em ninguém; não tenho nome
nem título, usurpados eram todos
os meus nomes, te mesmo o recebido
na pia batismal. Infeliz dia!
Ter eu tantos invernos já vividos,
sem que possa sabe como me chamo!
Fosse eu um rei ridículo de neve
posto em frente do sol de Bolingbroke,
para me derreter em gotas de água! [37]

Segundo Bárbara Heliodora:

> Shakespeare faz uma análise da "usurpação plenamente justificada", onde o usurpador não agiu por ambição pessoal, mas por uma

36 SHAKESPEARE, William. *Op. cit.*, 2008, p. 96.

37 SHAKESPEARE, William. *Op. cit.*, p. 102.

> dedicação ao bem comum. Por outro lado, Ricardo é que provoca a quebra do sistema e sua própria ruína como rei e pessoa, ao dispor contra si toda a nobreza hereditária, uma inimiga em potencial, e por não ter conquistado o afeto do povo, ao instituir tributações exorbitantes, com o luxo excessivo. Henry Bolingbroke espelha o chamado homem de *virtù*, no sentido maquiavélico da expressão, que sabe aproveitar as oportunidades políticas, misturando a astúcia da raposa com a força do leão.[38]

Na cena do espelho, Ricardo vê a imagem do rei desgastado pelo exercício do poder que transfere ao usurpador. Este passa a contar com a confirmação de terceiros, do povo, em Londres, no quinto ato, onde ocorre a institucionalização de sua autoridade metacomplementar, calcada na inversão do ônus da prova de seu poder de mando. Ricardo, por sua vez, é recebido com desprezo pelos londrinos, que chegam a jogar terra em sua face, em atitude claramente confirmadora da desconfirmação de sua autoridade concretizada pelos usurpadores.

> YORK
> *O grande duque Bolingbroke, montado num fogoso*
> *e altanado corcel, que parecia*
> *conhecer o ambicioso cavaleiro,*
> *devagar avançou, mas imponente,*
> *enquanto as bocas todas o aclamavam*
> *num só tom: Deus te ampare, Bolingbroke!*
> *(...)*
> *Como os espectadores de uma peça*
> *no teatro, após sair o ator querido,*
> *indiferentes olham para o que entra*
> *depois dele, julgando insuportável*
> *Sua tagarelice: desse modo,*
> *se não mais com desprezo,*
> *os assistentes zombavam de Ricardo.*
> *Ninguém disse: "Deus te salve".*
> *Nenhuma voz amável lhe deu boas vindas,*
> *atiravam-lhe terra na fronte sagrada,*
> *que ele sacudia com gesto de tristeza*
> *(...)*
> *Agora Bolingbroke é o novo rei;*
> *Obediência e lealdade eu já jurei.*[39]

Na prisão, sua desconfirmação abusiva praticada na condição de rei é desconfirmada por Bolingbroke e transformada em rejeição criminosa. Sem

---

38 HELIODORA, Bárbara. *A expressão do homem dramático em Shakespeare.* Rio de Janeiro: Paz e Terra, 1978, p. 258.

39 SHAKESPEARE, William. *Op. cit.*, 2008, p. 106.

o glamour e o luxo que o cercava, Ricardo, maltrapilho, está jogado no chão e se analisa, por meio de um melancólico solilóquio, como homem impotente, mas lúcido e capaz de perceber o jogo da realidade e da fantasia. Com a separação do homem do monarca, percebemos que este era outro revestido do poder de mandar, que precisa de critérios de legitimação do mando. O preço que paga pela recuperação de sua humanidade é a morte, encomendada por Bolingbroke, seguindo o preceito maquiavélico realista e não distorcido, de que o sangue da dinastia deposta deve ser extinto. Segundo Antônio Cândido: "Há muito ilusão na estrutura do mando e da obediência, quem pensa mandar pode ser um joguete e o joguete pode ser poderoso na sua essência."[40]

REI RICARDO
Conservai o compasso! Como a doce
música é insuportável para o ouvido,
quando falha o compasso e não se observa
nenhuma proporção. A mesma coisa
se passa na harmonia da existência
dos mortais. Aqui eu tenho ouvido fino
para apanhar pequena dissonância
de uma corda mal posta. Entretanto,
não percebi a falta de compasso
que deveria haver na consonância
do meu tempo e do Estado; Malgastei
todo o meu tempo; o tempo ora me gasta,
porque me vejo transformado agora
no relógio do tempo.[41]

---

40 CÂNDIDO, Antônio. "A culpa dos reis: mando e transgressão no Ricardo II". *Ética.* Organização Adauto Novaes. São Paulo: Companhia das Letras, 1999, p. 98.

41 CÂNDIDO, Antônio. *Op. cit.*, p.111.

Capítulo 4

Júlio César

Ele tem de morrer; e quanto a mim
Não tenho causa para repudiá-lo.
E se a causa
Falta hoje base pelo que é agora,
Digamos antes que é, crescendo,
O levaria a tais atos extremos.
Temos de vê-lo um ovo da serpente
Que chocado, segundo seu destino,
Virá a ser maligno e deve então
Ser morto ainda na casca.[1]
(Brutus)

Júlio César, escrita em 1599, é considerada uma peça de transição para o que se costuma chamar de período trágico. O autor utiliza, de forma brilhante, fatos históricos romanos notórios a fim de explorar, por meio da linguagem dramática, diversos temas ligados aos limites do poder político democrático e à manipulação discursiva na retórica, que têm como foco principal a figura de Brutus. Este personagem — por causa de uma vivência dolorosa que o levará até a morte — irá tomar uma consciência clara e trágica do seu individual papel e da realidade que o cerca, reconhecendo nele a presença do emotivo *homo demens*, além do racional *homo sapiens*. Como o drama não se passa na Inglaterra cristã e também não se refere a um rei ungido por Deus, como em *Ricardo II*, o tema da política é explorado de forma aberta e muito crítica. Os versos brancos, sem rima, dominam o estilo, já que apenas trinta são rimados, em contraposição aos 187 expostos na forma de prosa.[2] Nosso material de

1 SHAKESPEARE, William. *Júlio César. Tragédias e comédias sombrias: as obras completas*. Tradução de Bárbara Heliodora. Rio de Janeiro: Nova Aguiar, 2006, p. 285.

2 SHAKESPEARE, William. *Op. cit.*, 2006, p. 256.

análise tem por referência, além do texto da peça, a montagem londrina feita pelo *Barbican Theatre*, em 2005, dirigida por Debora Warner e também a realizada em 2013 pelo *Donmar Warehouse*, só com atrizes femininas, dirigida por Phyllida Lloyd. Em termos de material fílmico, temos a clássica película de 1953, dirigida por Joseph Mankiewicz, e a versão recente italiana dirigida pelos irmãos Taviani, em 2011, intitulada *César deve morrer.*

Lembremos que Shakespeare identifica as tragédias em termos interativos, já que elas não acontecem naturalmente e nem são enviadas por poderes absolutos e superiores. Em termos pragmáticos, elas nascem das ações de determinados homens que são condicionadas por seu caráter ou personalidade. Neste sentido, eles podem ser vistos como responsáveis pela sua própria destruição. Na visão de muitos estudiosos, em *Júlio César,* a relação entre os personagens é excepcionalmente bem colocada, com um elogiável uso da retórica em suas falas vibrantes e bem construídas, devido à influência do filósofo estoico *Sêneca*. Como bem afirma Bárbara Heliodora:

> *A diferença entre um debate e uma ação teatral é o fato de, no primeiro, duas pessoas discutirem, em plano intelectual, assunto que pode ser da maior transcendência, mas que permanece separado da experiência emocional dos debatedores. Já na situação dramática, o personagem vive a sua posição, ele põe em jogo em circunstância nas quais a sua própria vida se altera, se modifica pelo fato dele agir segundo as suas convicções.*[3]

Shakespeare retoma um fato histórico concreto, com base no auxílio do pensamento de Plutarco: o assassinato de Júlio César, no final do período republicano romano, cometido por seu melhor amigo Brutus. Este personagem espelha uma integridade inicial nas suas intenções, mas acredita na ideia de que não haveria indivíduo, por mais excepcional que fosse (como é o caso de Júlio César) que compensasse, com sua presença no governo, a perda de qualquer parcela dos direitos dos cidadãos. Em contrapartida, temos a figura aristocrática de Marco Antônio, uma espécie de admirador de heróis, convencido de que a maior parte das pessoas não está realmente muito preocupada em se envolver com seus deveres cívicos, o que justificaria a perda de parte destes direitos de cidadão comum na presença de um homem de excepcionais talentos disposto a governar.[4]

Todavia, sem desprezar a importância de Brutus, que a nosso ver é o protagonista da subtrama, entendemos ser Júlio César o protagonista da tragédia central, na medida que é o seu personagem que, do ponto de vista pragmático, instiga o desenvolvimento das ações, pois mesmo nas cenas em que

---

3 HELIODORA, Bárbara. *Falando de Shakespeare. São Paulo:* Perspectiva, 2001, p. 95.

4 HELIODORA, Bárbara. *Op. cit.*, 2001, p. 95.

está ausente, ele provoca reações de inveja, vingança e lealdade. Mesmo depois de morto, seu fantasma ronda as ações dos personagens e as modifica de forma contundente.

A seguir, vamos apontar alguns elementos da peça que espelham esta instigante relação interativa entre linguagem, comunicação e poder. Como a análise exaustiva de toda a comunicação retórica da peça excederia o propósito deste trabalho, vamos concentrar a nossa análise em alguns pontos gerais discursivos, que consideramos mais importantes. Para tanto, seguiremos o desenvolvimento dramático dos Atos I, II, III, IV e V que serão relacionados às teorias pragmáticas do poder jurídico-político.

Na primeira cena, ocorrida em fevereiro de 44 a.C., Shakespeare coloca o espectador frente a frente com o poder manipulador da linguagem, que, no contexto específico, está intimamente relacionada a inveja, a cobiça e a conspiração tramada contra César. Do ponto de vista da pragmática, aparece a exposição didática de uma interação comunicativa persuasiva, com estrutura dialógica, composta por dois tribunos da plebe, Flávius e Marullus, que discursam para os plebeus. César não é visto pessoalmente, mas somos familiarizados com os efeitos provocados por seu discurso inicial que fica subentendido: sua triunfante vitória sobre Pompeu, o Grande. Ao retornar a Roma, César conquista a adesão do povo romano em torno da sua capacidade de governo. Neutralizando as possíveis diferenças e o dissenso social, a vitória de César constitui um discurso não verbal capaz de exercer a violência simbólica, por meio da caracterização do poder como liderança. César passa a ser reconhecido pelo consenso presumido, devendo, portanto, participar dos negócios públicos com total legitimidade. O povo parece estar prestes a legitimar seus poderes de forma mais intensa, proclamando-o rei de todo o Império Romano, e não apenas sustentá-lo na liderança de Roma. Esta nova situação discursiva e a vultosa aclamação popular de César, por sua vez, provocam uma reação negativa, de discordância, nos tribunos da plebe Flávius e Marullus. Confirmando a autoridade de Pompeu, desconfirmada por César, buscam a manutenção de seu *status quo* de nobreza republicana, que confere ao Senado participação no poder. Eles temem que a coroação de César como Rei possa findar o papel político deles e, por isso, decidem reagir contra o fato, utilizando a fala discursiva verbal a fim de enfraquecer a atitude de apoio a esta manifestação discursiva não verbal favorável à liderança de César. Veja reprodução dos principais trechos do discurso retórico de Marullus, que visa, em linhas gerais, fazer um tipo de repreensão à comunicação dos plebeus.

> MARULLUS
> *Comemorar o quê?*
> *Que novos tributários traz a Roma,*
> *Para ornar, em correntes, sua biga?*

Pedras tolas, piores que insensatos!
Oh romanos de coração de pedra,
Não conheciam Pompeu? Quantas vezes
Não subiram em muros e em ameias,
Em torres, em janelas, em chaminés,
Com os filhos no colo, para sentar
O dia inteiro em paciente espera
Pra ver Pompeu passar por esta Roma?
(...)
E agora vestem roupas de feriado?
E vem cobrir de flores o caminho
De quem venceu o sangue de Pompeu?
Vão-se embora!
Vão para casa, e lá caiam de joelhos,
Pedindo aos deuses que retenham a praga
Que eles prometem para esta ingratidão.[5]

Esta manifestação discursiva representa, simbolicamente, as reais diferenças sociais existentes entre os tribunos e os comuns, que prevalecem, de fato, sobre a suposição teórica de que os tribunos deveriam representar e salvaguardar os interesses da plebe. Se a teoria política pressupõe no plano ideal uma discussão entre ambos, a análise crítica de Shakespeare revela-nos a existência de uma discussão contra, de caráter persuasivo e emotivo. As diferenças entre ambos, em termos de relação de poder, são visualizadas por meio do tipo de linguagem utilizada. Os formais e elegantes versos brancos são repetidos pelos tribunos do mesmo modo que o discurso coloquial aparece na fala dos plebeus.

A estratégia discursiva reflete uma intenção clara de neutralizar o exercício de violência simbólica em termos de liderança e generalização do consenso, conquistado pela autoridade metacomplementar de César. Para tanto, utilizando-se de perguntas retóricas relacionadas ao chamado "argumento da incompatibilidade" e apelos emocionais, procura destacar todo o possível dissenso em torno da visão popular sobre Pompeu. Marullus relembra que, há pouco tempo, eles próprios reverenciavam Pompeu como sendo um herói. [6]Portanto, eles seriam desleais e cruéis ao apoiar seu assassino. Ao apontar a manifestação discursiva conflitiva da plebe, ligada a falta de consenso real

5 SHAKESPEARE, William. *Júlio César. Tragédias e comédias sombrias: as obras completas.* Tradução de Bárbara Heliodora. Rio de Janeiro: Nova Aguiar, 2006, p. 264 a 265.

6 Sobre o argumento da incompatibilidade, afirma Manuel Atienza: no plano de um discurso não formal, o que surgem não são tanto contradições em sentido estrito quanto incompatibilidades (estas se diferenciam das primeiras por sua existência estar em função das circunstâncias, quer dizer, elas não têm um caráter abstrato). Ao passo que a contradição formal se liga à noção de absurdo, a incompatibilidade se liga à de ridículo: uma afirmação é ridícula quando entra em conflito, sem justificação, com uma opinião admitida; por sua vez, o ridículo pode ser obtido por meio da ironia, um procedimento que consiste em querer fazer entender o contrário do que se diz. (*Raciocínio Jurídico e Nova Retórica.* São Paulo: Landy Editora, 2003, p. 68)

sobre Pompeu, a sua fala neutraliza a passagem do tempo e enfatiza a noção de poder como autoridade. Valendo-se de um aspecto cometimento complementar, Marullus ordena que a plebe retorne para casa e peça perdão aos deuses por seus maus atos. Assim como na situação comunicativa anterior, estabelecida por César, o povo reage de forma favorável ao discurso e tem a suas ações de fato controladas pelo tribuno. Eles cumprem a determinação, confirmando a ordem emanada. O uso competente da língua confirma-se e escamoteia as relações de força que estão na base das suas situações comunicativas normativas: os plebeus evidenciam o *homo demens* e reagem de forma muito emotiva e pouco racional, pois não dominam o chamado discurso competente. Sua ingenuidade não os deixa perceber como a ambição de César poderia, eventualmente, vir a ameaçar suas liberdades no futuro, mas também não conseguem perceber as intenções manipuladoras e puramente egoístas dos tribunos, que não têm uma preocupação popular e democrática genuína.[7]

Na cena seguinte, César está em companhia de sua esposa Calpúrnia e seu amigo Marco Antônio preparando-se para assistir a uma corrida em que inférteis mulheres podem se curar, caso toquem os homens em competição. Encontra um adivinho no meio do povo que prenuncia sua trágica morte, ao dizer: "acautele-se nos meados de março". A excessiva autoconfiança e o reconhecimento de sua própria autoridade fazem com que ele ignore a advertência, que mostra o seu fraco poder de persuasão. Sua fala especifica cometimentos do tipo complementar, na medida que ele comunica ordens para Calpúrnia e para Antônio.

Brutus e Cassius são cunhados e membros da classe dos patrícios. Um importante e decisivo diálogo é desenvolvido entre ambos. Cassius vai exibir um discurso verbal com grande poder de persuasão, conquistado graças a um bom exercício da violência simbólica, que irá reorganizar, de forma sutil, a imagem que Brutus tem de César, envolvendo, assim, o primeiro na conspiração para assassinar César. Para tanto, Cassius aparece como um dos principais antagonistas da peça que, de fato, tem inveja do sucesso e popularidade de César, daí o porquê de querer eliminá-lo. Partindo da ideia de que Brutus tem agido de forma estranha e reticente, Cassius consegue estabelecer uma interação comunicativa que camufla as reais relações de força que estão na base de sua comunicação. Dissimula a sua inveja, sua sede de poder e de matar, sobre a justificativa da ética e da moralidade republicana, desenvolvendo um discurso competente em termos de liderança e construindo linguisticamente a imagem de César como um falso líder popular, cuja tendência ditatorial o colocaria como sendo um político fora do espírito democrático romano. Todavia, embora Cassius apresente uma personalidade diabólica, não podemos deixar de reconhecer que Shakespeare o coloca como um bom observador das fragilidades psicológicas e emotivas de cada um. No diálogo

7 Sobre o argumento de incompatibilidade, ver ATIENZA, Manuel. Raciocínio Jurídico e *Nova Retórica*, São Paulo: Landy Editora, 2003, p. 101.

a seguir, percebemos que ele sente a excessiva autoconfiança de César, que coexiste com certa vulnerabilidade física e moral. Ele também identifica que Brutus respeita mais seus deveres para com o Estado que sua pessoal amizade com César.

CASSIUS
É certo.
E é muito lamentado em Roma, Brutus,
Que não haja um espelho que lhe mostre
O seu mérito, oculto no seu olhar,
Para que visse ali a sua imagem.
Tenho ouvido os romanos mais notáveis
(Exceto César) ao falar de Brutus,
Gemendo sob a opressão destes tempos,
Querer que Brutus veja o que eles veem.

BRUTUS
Que grito é este? Eu já temo que o povo
Escolha César para rei.

CASSIUS
Devo crer, nesse caso, que não o quer?

BRUTUS
Não quero, Cassius, muito embora o ame.
Mas qual é a causa de reter-me assim?
Os deuses sabem que amo mais a honra
Do que possa jamais temer a morte.

CASSIUS
Certa vez, num dia frio e ventoso,
Nas turbulentas margens do Tibre,
Perguntou-me César, "Cassius, ousas tu
Saltar comigo na torrente irada
E nadar até lá?" Mal terminou,
Vestido como estava eu mergulhei,
Pedindo que saltasse, o que ele fez.
A torrente rugia e nós lutando,
Com braçadas viris a enfrentamos
Disputando a vitória na contenda.
Mas antes de chegar ao ponto dado,
César gritou: "Socorro, Cassius, ou morro!
Eu como Eneias, nosso antepassado,
De Troia em chamas que carregou nos ombros
O velho Anquises das águas do Tibre
Tirei o exausto César. E este homem
Torna-se agora deus, enquanto Cassius
É um rebotalho, por dever curvado.
Se César, por acaso, o cumprimenta,
Ele apanhou uma febre na Espanha.[8]

---

8 SHAKESPEARE, William. *Op. cit.*, 2006, p. 269 e 270.

Depois de enfraquecer a imagem de César, Cassius dedica-se a manipular os valores de Brutus, ao bajulá-lo de forma ostensiva, enfatizando que ele poderia ser tão líder como César. Mais uma vez, a liderança deste é enfraquecida na percepção de Brutus, que, na última parte, mostra a adesão emocional aos apelos manipuladores de Cassius. Então, vemos como Brutus nos é apresentado por Shakespeare: um cidadão nobre e bem intencionado, em termos políticos, mas que não tem habilidades psicológicas suficientes para se defender da manipulação discursiva alheia e das devidas relações de poder que estabelece. Assim, ele se torna uma presa fácil nas mãos de Cassius, que pretende utilizar a sua respeitabilidade e sua amizade com César como manifestações discursivas aptas a concretizar um novo exercício de violência simbólica, que tornará respeitável, em termos de poder-reputação, o que, em outras circunstâncias, poderíamos chamar de traiçoeiro assassinato. O próprio César exibe habilidades no manejo discursivo da reação emotiva da plebe. Basta lembrarmos de que ele, de forma hábil, durante a corrida, recusa-se a aceitar a coroa de rei oferecida pelo povo, na tentativa de simular uma falsa modéstia e fazer com que a própria massa o pressione para aceitá-lo.

Neste sentido, o caráter reflexivo e pragmático da conspiração torna-se claro, pois ela apenas pode ter sucesso se todos os personagens aderirem e forem persuadidos a colaborar. Nesta perspectiva, Cassius reforça a adesão de Brutus, por meio de uma atitude abusiva em termos comunicativos, escrevendo cartas falsas endereçadas a ele, como se fossem escritas pelos comuns. O conteúdo era de crítica à possível ambição de César.

> CASSIUS
> *(...)*
> *Hoje Roma ficou bem pequenina*
> *Sendo toda ocupada por um só homem.*
> *(...)*
>
> BRUTUS
> *(...)*
> *O que aqui me disse,*
> *Hei de levar em conta; o que dirá*
> *Ouvirei com paciência e encontrarei*
> *Tempo e lugar para debater tais temas.*
> *Até então, amigo, pense nisto:*
> *Pra Brutus, é melhor ser aldeão*
> *Do que se proclamar filho de Roma*
> *Nas duras condições que nestes dias*
> *Se abatem sobre nós.*[9]

No segundo ato, Brutus é finalmente persuadido a liderar o plano conspiratório. Ele está em estado de insônia, pois está vivendo um conflito interior

9 SHAKESPEARE, William. *Op. cit.*, 2006, p. 272.

entre sua afeição pessoal por César e seu medo de que este se torne um tirano. A simples ameaça de um comportamento abusivo, em termos comunicativos, em que César "desconfirmaria" as regras republicanas romanas, dá consistência ao pensamento de Brutus. Ele imagina, em termos metafóricos, o abuso do poder como a figura da serpente dentro do ovo, que iria nascer no futuro. Consciente de que o poder tem a capacidade de corromper, ele reflete e desenvolve uma curiosa argumentação autodirecionada, na tentativa de persuadir a si próprio a respeito da necessidade de matar César. Ele pondera que, embora valorize sua amizade com o imperador, suas obrigações honrosas como cidadão romano, que zela pelo bem público, deveriam vir em primeiro lugar. Ele enuncia uma espécie de argumento pragmático, em termos retóricos.[10] E argumenta, deixando claro na primeira frase, que aderiu ao plano conspiratório porque parou de reconhecer a liderança política e a autoridade de César, mesmo sem ter uma prova concreta sobre o abuso do poder que supostamente seria praticado. Neste instante, seu servo entrega-lhe uma carta que ele achou perto da janela. Ela foi escrita, de fato, pelos conspiradores, no propósito de conquistar a adesão de Brutus ao plano conspiratório. No entanto, no eficiente exercício da violência simbólica, ela se apresenta como sendo de autoria de um cidadão romano. Brutus reage à leitura da carta, mostrando que a sua adesão está se fortalecendo, pois o conteúdo retórico do documento manipula sua autoestima, exaltando-o como líder e protetor da democracia romana.

BRUTUS
Ele tem de morrer; e quanto a mim
Não tenho causa para repudiá-lo.
Senão a pública. Se coroado,
Como isso o mudaria? É esse o ponto.
É a luz do sol que faz sair a cobra,
Exigindo cuidados ao pisar.
Se o coroamos damos-lhe um ferrão,
Perigo para ele usar a qualquer hora.
O abuso da grandeza é separar
O poder do remorso; e na verdade,
Em César jamais vi emoção
Pesar mais do que a razão. Mas é sabido
Que a humildade é a escalada da ambição,
Pra qual sempre se volta o carreirista;
Mas uma vez alcançado o ponto máximo,
Ele dá as suas costas a escada.
Olha pras nuvens, despreza os degraus
Por que subiu. Talvez César o faça
É impedi-lo para evitar. E se a causa

10 ATIENZA, Manuel. *As Razões do Direito: teoria da argumentação jurídica.* São Paulo: Landy Editora, 2003, p. 69. Esclarece o autor que o argumento pragmático baseia-se na estrutura do real, permitindo associar um ato ou um acontecimento segundo as suas consequências favoráveis ou desfavoráveis.

Falta hoje base pelo que é agora,
Digamos antes que é, crescendo,
O levaria a tais atos extremos.
Temos de vê-lo um ovo da serpente
Que chocado, segundo seu destino,
Virá a ser maligno e deve então
Ser morto ainda na casca.[11]

Neste instante, os conspiradores Cassius, Casca, Décio, Cinna, Mételus e Trebônio vão até a casa de Brutus. Fica claro que ele foi persuadido a compactuar com a conspiração, tornando-se automaticamente o líder do feito. Sua adesão fica evidente quando ele se recusa a fazer um juramento sobre esta resolução, que é sugerido por Cassius. Ele está certo de que o ato desconfirmador se justifica por intenções puramente nobres e honestas, como o bem comum do povo romano, confirmando que o exercício da violência simbólica arquitetado produziu seus efeitos definitivos na sua mente. Ele argumenta:

BRUTUS
(...)
De que estímulo, além da nossa causa,
Precisamos para buscar justiça
Fora a palavra, já dada em segredo,
Que o romano não trai? Que outra jura,
Além da honestidade honestamente
Firmada, e que possa valer vida e morte? [12]

A seguir, Cassius sugere que Marco Antônio, braço direito de César, também seja eliminado, argumentando que ele seria uma pessoa ardilosa e maldosa, cuja sobrevivência a César poderia prejudicá-los, já que é conhecido o seu amor profundo por ele. Completamente persuadido a respeito dos bons propósitos do plano, Brutus, já assumindo o papel de líder, recusa o feito, pois caracterizaria uma carnificina. Ele se baseia na crença de que a morte de César tornaria Marco Antônio um homem fraco e sem influência. Seus argumentos mostram sua manipulação definitiva, já que, na sua visão, que beira o limite de mascarar a si próprio, eles não são açougueiros, mas homens honrados que se sacrificam pelo bem público, quase em termos.

O relógio avisa a todos que é hora de partir e concretizar o plano. Por fim, em resposta ao temor de Cassius de que César não apareça no Capitólio, devido aos maus presságios que foram divulgados, Décio compromete-se a persuadi-lo por meio da bajulação, mas eles acabam decidindo que é melhor buscá-lo em casa às oito horas. Na cena final, percebemos a angústia de Pórtia,

---

11 SHAKESPEARE, William. *Op. cit.*, 2006, p. 285 e 286.

12 SHAKESPEARE, William. *Op. cit.*, 2006, p. 290.

esposa de Brutus. Ela suplica, sem sucesso, para que o marido revele a ela por que ele apresenta o que ela chama de *dano doentio na mente*, que o oprime. Percebemos a intenção de Shakespeare de expressar a aguçada capacidade de observação feminina, que era bastante desprezada na sua época. Cassius reforça a ideia de que ele é um líder, no propósito de conferir a Brutus um falso senso de superioridade e uma errônea credibilidade para o plano assassino.

Na segunda cena, na residência de César, tomamos ciência de que sua esposa Calpúrnia tenta persuadi-lo a não sair de casa naquele dia. Apesar de descrever um sonho pavoroso, cheio de cenas de morte e sangue no Capitólio, César hesita, pois teme ser visto como um covarde. Somente quando os adivinhos confirmam os maus presságios ele é convencido a ficar, ainda que por pouco tempo. Pede que Marco Antônio vá ao Senado e diga que ele não está bem. Neste instante, chega Décio, que vem buscá-lo para ir ao Senado. Quando toma ciência da decisão de César, Décio pede que lhe seja dada uma explicação e ouve parte do relato do sonho de Calpúrnia.

No intuito de concretizar o plano mórbido, Décio trata de manipular as palavras ditas por César, controlando a sua ambiguidade semântica, em termos de exercício da violência simbólica na forma de poder-reputação. Valendo-se do seu prestígio na cidade, ele expõe o que se poderia chamar de melhor significação para as palavras anteriormente interpretadas como o prenúncio da morte de César. Muda radicalmente o sentido delas, conferindo-lhes uma conotação positiva, que eleva o poder e a vaidade do governante. Como reforço, ele fortalece o orgulho e ambição de César, alegando que ele será coroado e, caso ele não compareça, eles poderão mudar de ideia ao perceber que foi influenciado por Calpúrnia. Isto é suficiente para que César mude rapidamente de posição e seja persuadido no sentido contrário, ou seja, ele decide ir até o Capitólio. Os outros conspiradores chegam e César, ingenuamente, acredita que eles são seus amigos, tanto que os convida para tomar um vinho. Ele está tão cego pelo seu orgulho e sentimento exagerado de autoimportância que se torna uma presa ingênua da bajulação de seus conspiradores. Com a mudança de ideia três vezes em um curto espaço de tempo sobre a questão de ir ou não ao Capitólio, Shakespeare nos mostra, de forma didática, quão volátil é a manifestação persuasiva.

César chega ao Capitólio acompanhado por Antônio, Brutus, Cassius e outros conspiradores. No caminho, vê o adivinho que o relembra que os meados de março estão passando. Mais um prenúncio da tragédia é destacado, mas o alerta é ignorado por ele com arrogância. Subitamente, Artemidoro pede para que César leia o documento no qual ele denuncia a conspiração, alegando que é urgente, porque diz respeito à pessoa dele. Mais uma vez, tendo sua seletividade controlada por Décio, César afirma que vai lê-la por último. Artemidoro insiste, mas Cassius expressa o argumento decisivo final, ao alegar que César não deveria atender a estes pleitos fora do Capitólio. Em consequência, César acaba ignorando o alerta que lhe salvaria a própria vida. Trebônio afasta Marco Antônio de César, no momento em que Metellus Cimber, em um tom de súplica, apresenta uma petição a César para que seja cancelado o banimento de seu irmão. O líder, completamente inconsciente da sua própria fragilidade diante da bajulação, reponde de forma inflamada e autoconfiante que o pedido não será aceito, em virtude de ele se achar imune aos elogios fáceis. Brutus beija-lhe a mão, pedindo para que aceite o pedido de Címber, enquanto Cassius curva-se perante ele a fim de implorar pela repatriação. Esta é a derradeira farsa discursiva montada pelos conspiradores, o que faz com que César, antes de ser assassinado, exiba pela última vez sua metacomplementaridade orgulhosa e arrogante, o completo erro de avaliação da sua própria personalidade.

> CÉSAR
> *Isso me tocaria se eu pudesse*
> *Como você por isso ser tocado;*
> *Se eu orasse, ouviria a prece.*
> *Mas como sou firme qual a Estrela d'Alva*
> *Que, por seus muitos dotes de firmeza,*
> *Não tem par nem igual no firmamento.*
> *Pintam os céus milhares de faíscas,*
> *Todas de fogo, todas rebrilhando;*
> *Porém só uma permanece fixa.*
> *Assim é o mundo bem fornido de homens,*
> *Homens de carne e osso, que tem medo;*
> *Mas nesse número só sei de um*
> *Que mantém o seu posto inabalável*
> *Pela emoção; e esse sou eu.*
> *E vou mostrá-lo um pouco neste caso:*
> *Constante como fui ao punir Cimber,*
> *E em mantê-lo banido sou constante.*[13]

Esta fala arrogante é seguida pela dramática cena de seu assassinato. Diríamos que ela mostra um cinismo e uma violência simbólica radical. Temos a comunicação discursiva subserviente de Címber, Cassius e Brutus, que dissimulam a sua intenção assassina, ao provocar uma reação de comunicação complementar superior por parte de César, comparando-se, por meio do argumento da analogia, em grandiosidade, a uma estrela setentrional. Segundos depois, o exercício da violência simbólica cessa e ele se vê frente a frente com a morte e com a traição de todos, incluindo Brutus, que o apunhalam ferozmente. Antes de morrer, tem tempo de pronunciar a famosa frase que espelha a sua trágica consciência final: *Et tu, Brute*?

---

13 SHAKESPEARE, William. Júlio César. *Tragédias e comédias sombrias: as obras completas.* Tradução de Bárbara Heliodora. Rio de Janeiro: Nova Aguiar, 2006, p. 310.

A morte de César, como manifestação "desconfirmadora" não verbal do uso da força bruta, provoca uma reação de pânico e caos no povo romano, que começa a correr pelas ruas. Brutus, assumindo a liderança dos conspiradores, sem perceber, tenta reconstituir o exercício da violência simbólica relativa ao feito, momentaneamente, conferindo um sentido ético ao feito, dizendo ao povo:

> BRUTUS
> *Se assim for, então morte é benefício:*
> *Nós, amigos de César, reduzimos*
> *Seu prazo de temor. Ao chão, romanos;*
> *Lavem as mãos nesse sangue de César,*
> *E mais os braços, junto com as espadas;*
> *Depois partamos juntos pro mercado,*
> *E sacudindo as nossas rubras armas*
> *Gritemos todos "Paz e liberdade".*[14]

A seguir, entra o criado de Antônio, que em um tom de súplica, transmite a seguinte mensagem para Brutus, que representa nada mais nada menos que um desafio linguístico que visa testar a habilidade discursiva de Brutus:

> CRIADO
> *Pediu meu amo que eu me ajoelhasse;*
> *Antônio me ordenou que assim caísse;*
> *E só após prostrado assim dissesse;*
> *Brutus é nobre, sábio, bravo e honesto;*
> *César, foi poderoso, régio e amante;*
> *Diga que eu amo Brutus e que o honro;*
> *Que a César eu temi, honrei e amei.*
> *Se Brutus permitir que Marco Antônio*
> *O veja em segurança e a ele explique*
> *Como César mereceu a sua morte,*
> *Ele não amaria César morto*
> *Mais do que Brutus vivo, e seguiria*
> *A fortuna e as ações do nobre Brutus*
> *Pelos percalços do Estado atônito,*
> *De boa-fé. Assim falou Antônio.*

O discurso de Antônio, repetido pelo criado, persuade Brutus e ele aceita a condição requerida, na certeza de que ele os apoiará, confirmando a autoridade do grupo conspirador. Cassius, por sua vez, mantém-se cético, afirmando que ainda guarda um sentimento de temor sobre ele. Antônio chega e seu discurso é de reconhecimento da autoridade do grupo. Em um tom de súplica, ele chega a pedir para ser morto com a mesma espada que matou César. Fica claro que ele pretende parodiar a atitude de falsa submissão assumida pelos conspiradores, um pouco antes de trair César. Brutus, mais uma vez, é persuadido

---

14 SHAKESPEARE, William. *Op. cit.*, 2006, p. 312.

por este discurso, na medida que Antônio exalta as suas qualidades nobres e sábias. Ele assegura que nenhum ato de violência ocorrerá, visto que o coração de todos está cheio de compaixão a Roma, amor sincero e bons pensamentos. Cassius acrescenta que ele está convidado a ocupar um cargo político, no governo, assim que consigam apaziguar a multidão. Antônio aperta a mão ensanguentada de cada um dos conspiradores e discursa em louvor a César. A seguir, esclarece que é amigo de cada um e pede para ser convencido a respeito dos motivos pelos quais César representava um perigo e também para conduzir o corpo até o Fórum e, do púlpito, como convém a um amigo, falar durante as cerimônias fúnebres. Cassius reage de forma desfavorável ao pleito, dizendo para Brutus que ele poderá comover o povo. Mas este está muito autoconfiante sobre a sua autoridade. Diz que falará antes, expondo as razões para a morte de César, e Antônio discursará, em seguida, com a sua permissão e licença. A seu ver, isto poderá favorecê-los. Nestes termos, ele diz para Antônio:

> BRUTUS
> *Eis o corpo de César; tome-o, Antônio.*
> *Não fale contra nós no funeral,*
> *Mas diga o que quiser de bem de César,*
> *Dizendo que tem nossa permissão.*
> *Se assim não for, não poderá ter parte*
> *No funeral de César. E seu discurso*
> *Virá do mesmo púlpito que o meu,*
> *Depois que eu acabar.*[15]

Antônio aceita a condição, mas, assim que todos saem, põe a mostra as suas reais intenções, deixando bem claro que o tom de submissão e aceitação assumido para com os conspiradores visou apenas simular um exercício de violência simbólica do tipo poder-liderança para supostamente confirmar o poder-reputação de Brutus. De uma forma bastante emotiva, ele revela ao espectador as relações de força referentes à necessidade urgente de vingar a morte de César, que estão na base de seus discursos aparentemente concordantes com os executores. Ele calcula, previamente, o controle da seletividade que irá exercer sobre os sentimentos do povo romano:

> ANTÔNIO
> *Eu te imploro perdão, barro sangrento,*
> *Por ser servil ante esses assassinos.*
> *És a ruína do homem mais nobre*
> *Que jamais houve na maré dos tempos.*
> *Pobre da terra que te derramou*
> *O nobre sangue! E antes tuas chagas*
> *Que abrem mudas os barros de rubi*
> *Pra pedir voz a esta minha língua*

15 SHAKESPEARE, William. Op. cit., 2006, p. 317.

Eu juro que uma praga há de abater-se;
Fúria doméstica e luta civil
Virão cobrir a Itália toda inteira.[16]

No Fórum, os Plebeus exigem que Cassius e Brutus deem uma satisfação para a morte de César. Ambos dividem o público para fornecerem as devidas explicações. Brutus sobe ao púlpito e discursa em tom de prosa:

BRUTUS
Ouvi com paciência até o fim. Romanos, compatriotas e amigos! Ouvi-me por minha causa, e ficai em silêncio para poder ouvir. Acreditai-me por minha honra, e respeitai minha honra para poder acreditar. Censurai-me em vossa sabedoria e despertai vossos sentidos para julgar melhor. Se houver alguém nesta assembleia, algum querido amigo de César, a ele eu direi que o amor de Brutus por César não foi menor o que o seu. Se então ele perguntar por que Brutus levantou-se contra César, está é a minha resposta: não foi porque amei menos a César, mas porque amei mais a Roma. Preferíveis vós que César estivesse vivo, para que morrêssemos todos escravos, a que César estivesse morto, para viverdes livres? Porque César me amava, choro por ele; por que foi feliz, regozijo-me; porque foi bravo, honro-o; mas porque era ambicioso, matei-o. Há lágrimas por seu amor, regozijo por sua felicidade, honra por sua bravura e morte por sua ambição. Quem há aqui tão baixo que quisesse ser escravo? Se há alguém, que fale, pois a ele eu ofendi. Quem há aqui tão rude que não quisera ser romano? Se há alguém, que fale; pois eu o ofendi. Quem aqui é tão vil que não ame o seu país? Se há alguém, que fale; pois a ele eu ofendi. Espero uma resposta.[17]

TODOS
Ninguém, Brutus, ninguém.

BRUTUS
Então, a ninguém eu ofendi. Não fiz a César mais do que os senhores têm obrigação de fazer a Brutus. A questão de sua morte está devidamente registrada no Capitólio, sua glória não diminuiu naquilo em ele foi valoroso, e também deu-se ênfase aos crimes pelos quais ele foi executado.

Quando Marco Antônio chega com o corpo de César, ele finaliza o discurso da seguinte forma:

BRUTUS
Eis que chega o seu corpo, pranteado por Marco Antônio que, muito embora não tenha participado de sua morte, receberá, como benefício de seu passatempo, seu lugar na comunidade. E a qual de vós não acontecerá o mesmo? Com isto eu parto, eu que assassinei aquele a

16 SHAKESPEARE, William. *Op. cit.*, 2006, p. 318.

17SHAKESPEARE, William. *Op. cit.*, 2006, p. 319 e 320.

quem amava pelo bem de Roma, e tenho a mesma adaga para mim, quando aprouver ao meu país ter a necessidade da minha morte.[18]

TODOS
Viva, Brutus, viva, viva!

Brutus é aclamado por todos, sua metacomplementaridade é, aparentemente, confirmada pelo povo. Querem carregá-lo, fazer-lhe uma estátua e que ele seja o próximo César. Antes de entregar a palavra para Marco Antônio, ele afirma, com total ingenuidade a respeito das intenções do ilustre amigo de César:

BRUTUS
Bons patrícios, deixai-me partir só;
E se me querem bem, fiquem com Antônio.
Honrem César e atentem para o discurso.
Que glorifica César e que Antônio
Com a nossa permissão pode fazer.
Peço para ninguém sair daqui.
Senão eu mesmo, até falar Antônio.[19]

O discurso racional de Brutus, desenvolvido em prosa, na forma de um entimema, ou seja, na forma silogismo condicional clássico, representa a sua convicção honesta dos motivos que o levaram a cometer o assassinato, completamente alheia à violência simbólica praticada e construída pelos conspiradores, do ponto de vista discursivo, que provocou o efeito de minar a legitimidade política de César. Sua fala representa um argumento do sacrifício, onde se mostra o esforço desprendido em função de uma causa. Este sacrifício é a resposta para o dilema por ele expresso: "Prefeririam os senhores que César estivesse vivo e morrêssemos todos escravos, do que ter César morto e vivermos todos como homens livres?"

Poderíamos sintetizar suas justificativas com o seguinte argumento exposto no que a lógica clássica costuma chamar de "forma padrão." Trata-se de um argumento válido, do ponto de vista da lógica formal clássica, na medida que a segunda premissa afirma o antecedente da primeira:

Se César era ambicioso, então, por amor a Roma, então ele deveria ser morto.
César era ambicioso.
Logo, César, por amor a Roma, deve ser morto.

Brutus, mesmo não tendo uma prova consistente sobre uma atitude abusiva de Júlio César, apenas pressupondo que ele "poderia agir de forma abusiva", está convencido das motivações nobres e legítimas de seus atos. Ele

18 SHAKESPEARE, William. *Op. cit.*, 2006, p. 320.

19 SHAKESPEARE, William. *Op. cit.*, 2006, p. 321.

não tem consciência alguma dos processos de persuasão, com alto poder de manipulação simbólica, que o atingiram por meio das atitudes de Cassius, em termos de reputação, para que chegasse a interpretação discursiva do comportamento de César como sendo *ambicioso*. Na mesma falta de percepção do poder de manipulação das palavras, ele acredita que convenceu o povo, de forma racional e perene, sobre a tirania de César, pois a manifestação destes revela uma adesão imediata, na medida que afirmam: "Esse César era um tirano! Sim é uma benção para nós que Roma dele está livre. É melhor que Antônio não fale mal de Brutus aqui!"

Agora é a vez de Marco Antônio subir ao púlpito, instantes depois de Brutus, enfrentando a hostilidade pragmática da multidão em relação a César. Seu discurso, ao contrário da racionalidade lógica de Brutus, é desenvolvido em verso e irá explorar os recursos pragmáticos ao extremo, ou seja, as emoções das massas e as ambiguidades semânticas das palavras. Apenas na aparência ele será um "discurso com", confirmador dos atos conspiratórios de confirmadores.

ANTÔNIO
Amigos, cidadãos de Roma, ouvi-me;
Venho enterrar a César, não louvá-lo.
O mal que o homem faz vive após ele,
O bem se enterra, às vezes, com seus ossos.
Com César, que assim seja. O honrado Brutus
Disse que César era ambicioso,
Se isso é verdade, era uma dura falta,
E duramente César a pagou.
Com permissão de Brutus e de outros
(Pois Brutus é um homem muito honrado,
Tal como os outros, todos muito honrados).
Venho falar no funeral de César.
Foi meu amigo, justo e dedicado;
Mas Brutus diz que ele era ambicioso
E Brutus é um homem muito honrado.
Ele trouxe para Roma mil cativos
Cujo resgate enchia os nossos cofres;
Mostrou-se assim a ambição de César?
Quando pobre chamava, ele sofria:
Ambição deve ter mais duro aspecto;
Mas Brutus diz que César era ambicioso,
E Brutus é um homem muito honrado.
Vós todos vistes que, no Lupercal,
Três vezes lhe ofertei a coroa:
Três vezes recusou. Isto é ambição?
Mas Brutus diz que César era ambicioso
E sabemos que é um homem muito honrado.
Não falo para negar o que diz Brutus
Mas para aqui dizer tudo que sei:
Todos vós o amastes, não sem causa;

Que causa vos impede de chorá-lo?
Bom senso, hoje existe só nas feras;
O homem perde a razão! Mas perdoai-me,
Meu coração, como César vai, no esquife,
E eu calarei até que ele me volte.[20]

Percebemos como o forte cunho persuasivo deste discurso tem o dom de conquistar a adesão das massas de forma imediata, exibindo um grande exercício de poder de violência simbólica. Ele mescla a tentativa de resgatar a liderança e a reputação de César por meio da manipulação do sentido semântico da palavra *ambicioso*, em termos de enfraquecer a reputação de Brutus, que definiu semanticamente um sentido preciso para a expressão. A visão em torno do caráter de César e dos conspiradores está se modificando na cabeça de todos, de forma paulatina, mas definitiva. A estratégia discursiva de Antônio é inteligente, pois, aparentemente, ela está apenas retomando a linha do raciocínio lógico-formal de Brutus, na forma de silogismo categórico do tipo:

Se César era ambicioso, então este defeito grave deveria ser cobrado com a sua morte.
Brutus, como homem honrado, afirma que César era ambicioso.
Logo, segundo o honrado Brutus, César deve ser morto.

O que se torna evidente, no entanto, é que o seu propósito é ir muito além deste exercício racional, a fim de trabalhar o próprio sentido semântico dos enunciados, questionando a própria reputação e liderança de Brutus, por meio da manipulação semântica do adjetivo *ambicioso*, utilizada por ele para justificar a morte de César. Utilizando o recurso retórico da repetição, ele vai associando esta palavra com manifestações discursivas analógicas comunicadas por César ao longo de sua vida política, tais como *aumentar os recursos financeiros de Roma de forma significativa, piedade em relação aos pobres e sua recusa em aceitar por três vezes, publicamente, a coroa de rei por ele oferecida.* Como estas manifestações discursivas apontam para convenções dominantes que não se ligam nem representam a expressão *ambicioso*, mas a uma qualidade humana da generosidade, o efeito pragmático final é o oposto do que uma simples leitura semântica ou sintática podem revelar: ele promove o enfraquecimento da honra e reputação de Brutus, na medida que fortalece a reputação e a liderança de César. A fim de encobrir a sua real intenção de manipular a adesão do povo, controlando a sua seletividade, ele ressalta que *não fala para refutar Brutus, mas para dizer aquilo que ele sabe.* Sem jamais utilizar uma linguagem explícita, no fundo, a ideia sugerida pela fala de Marco Antônio dirigida ao povo aparece invertida: *César seria homem honrado e Brutus*

20 SHAKESPEARE, William. *Op. cit.*, 2006, p. 322.

um homem ambicioso. Ele conquista a adesão daqueles que o ouvem. Na perspectiva da retórica, essa repetição acaba caracterizando o que chamamos de ironia, que consiste em um procedimento em que se faz entender o contrário do que se diz literalmente. Em termos da pragmática, a "discussão contra" os conspiradores, antes dissimulada por uma aparente "discussão com", começa a se firmar com veemência.

> PRIMEIRO PLEBEU
> *A mim me parece que tem muito bom senso o que ele diz.*
>
> SEGUNDO PLEBEU
> *Se tu consideras com justeza a questão, César foi muito injustiçado.*
>
> TERCEIRO PLEBEU
> *E foi mesmo, mestres! Meu receio é de que um pior que ele vá substituí-lo.*
>
> QUARTO PLEBEU
> *Prestaram atenção nas palavras dele? Ele não aceitou a coroa, portanto é certo que ele não era ambicioso.*
>
> PRIMEIRO PLEBEU
> *Se assim ficar verificado, tem gente que vai pagar caro por isso.*
>
> SEGUNDO PLEBEU
> *Pobre alma, com os olhos vermelhos como fogo de tanto chorar.*
>
> TERCEIRO PLEBEU
> *Não há em Roma homem mais nobre do que Antônio.*[21]

Antônio passa a incitar o desejo do público em ouvir o testamento de César, posto que se mostra reticente em fazê-lo. Puro exercício da violência simbólica, expresso na forma aparente de um silogismo condicional dedutivo válido, no qual a segunda premissa nega o consequente da primeira:

> *Se Antônio estivesse disposto a incitar seus corações e mentes em direção à desobediência civil e à raiva, então ele estaria cometendo uma injustiça contra Brutus e Cassius, que são homens honrados.*
> *Antônio não irá cometer esta injustiça.*
> *Logo, Antônio não quer incitar os seus corações em direção à desobediência civil.*

Ainda que a forma deste silogismo seja válida (negação do consequente), seu conteúdo é falso, pois sua exposição visa apenas reforçar o valor tópico da palavra *injustiça* neste contexto, na medida que ele fortalece a ideia de que a sua omissão teria o significado de praticar uma injustiça para com o morto, para com o povo e para consigo mesmo.

---

21 SHAKESPEARE, William. *Op. cit.*, 2006, p. 323.

ANTÔNIO
Ainda ontem, com uma palavra,
César enfrentava o mundo. Hoje, ali,
Não tem um só mendigo para orá-lo.
Oh, senhores! Quisesse eu comover-vos,
Em mente e coração até a revolta,
Faria mal a Brutus, mal a Cassius,
Que vós sabeis serem homens bem honrados.
Eis um escrito com o selo de César;
Achei-o no seu quarto; é a sua palavra.
Se o povo ouvisse aqui seu testamento,
O qual, perdão, eu não pretendo ler,
Ele iria beijar estas feridas,
Molhar seus lenços no sangue sagrado,
Tentar guardar um cabelo de César
E, ao morrer, haveria de testar,
Deixando-o qual legado precioso,
Aos seus herdeiros.[22]

PRIMEIRO PLEBEU
Que espetáculo triste!

SEGUNDO PLEBEU
Oh, nobre César!

TERCEIRO PLEBEU
Que dia horrível!

TODOS
Vingança! Vamos! Busquem! Queimem! Torrem! Matem! Cacem! Não deixem vivo um só traidor!

O povo adere à real intenção de Antônio e reage de forma a exigir que ele leia o testamento de César, como resposta à relutância estratégica comunicada por ele. É interessante notar que, ao sentir a adesão forte do grupo, ele passa a assumir abertamente que a leitura do testamento irá provocar uma forte reação emocional no auditório. O povo assume que, a partir de agora, vê os conspiradores como traidores e não como homens honrados, "desconfirmando a sua desconfirmação", transformando-a em rejeição criminosa, em termos pragmáticos.

ANTÔNIO
Paciência, povo bom; mas eu não devo.
Não podeis conhecer o amor de César!
Não sois pau nem sois pedra: vós sois homens;
E, homens, conhecendo o testamento,
Vós ficareis loucos, inflamados.
É mau saberdes que vós sois herdeiros;

---

22 SHAKESPEARE, William. *Op. cit.*, 2006, p. 324.

Pois se o soubésseis, que haveria então?

QUARTO PLEBEU
Eles se mostraram traidores. Homens honrados!

TODOS
O testamento! O testamento! Eles cometeram vilania, assassinato!

ANTÔNIO
Querei forçar-me a ler o testamento?
Fica então a roda do cadáver
Que eu mostrarei quem fez o testamento.
Devo descer? Tenho a vossa licença?

ANTÔNIO
Se tendes lágrimas, chorai agora.
Conheceis este manto. Eu ainda me lembro
A vez primeira em que ele a usou:
Era tarde de estio; em sua tenda,
No mesmo dia em que venceu os Nérvios.
Vede aqui onde Cassius o feriu,
E onde o rasgou a inveja da Casca.
Aqui apunhalou o amado Brutus,
E quando este puxou para fora a faca,
Vede o sangue de César a segui-la,
Assim como se corresse porta afora
Para ver se o golpe fora do cruel Brutus.
Pois esse Brutus, como vós sabeis,
Era o anjo de César. Vós, oh deuses,
Julgai o quanto César o amava!
Essa foi a ferida mais cruel,
Pois quando César o viu golpeando-o,
Ingratidão, mais forte que os traidores,
Venceu e arrebentou seu coração;
E, protegendo o rosto com seu manto,
Junto à base da estátua de Pompeu,
Tudo em sangue, caiu o grande César.
E que queda foi essa, meus patrícios!
Pois então vós e eu caímos todos,
Com o trunfo sangrento da traição.
Ora chorais e eu vejo que sentis
Dor e piedade. Esse é um belo pranto.
Por que chorais se vedes tão apenas
As feridas de um manto? Olhai agora,
Pra ver como a traição feriu seu corpo. [23]
(ANTÔNIO ARRANCA O MANTO)

A reação do povo é de revolta emocionada e o mesmo clama pela eliminação urgente dos traidores.

---

23 SHAKESPEARE, William. *Op. cit.*, 2006, p. 325 e 326.

TODOS
Vingança! Vamos lá! Procurem! Queimem! Toquem fogo, matem! Acabem com eles! Que não fique vivo nenhum traidor!

A seguir, ele, mais uma vez, manipula o exercício da violência simbólica na forma de poder reputação, dissimula a sua condição de exímio orador, projetando essa competência, por meio do recurso da hipérbole, ou seja, de forma exagerada, na fala de Brutus, a qual, como vimos, é, de fato, inábil para promover comoção emocional no auditório. Na perspectiva da retórica, trata-se da figura do litote, na qual se procura enfraquecer o valor de uma coisa. Por ser mais competente, Brutus pode ser mais ardiloso e manipular os fatos e o sentido das palavras a seu favor, enquanto que ele é um homem simples que apenas fala aquilo que o auditório já sabe. Nesta perspectiva, de acordo com a classificação da retórica ele estaria caracterizando um discurso que é de fato deliberativo, na forma aparente de um discurso epidítico.

ANTÔNIO
Bons amigos, não quero eu instigar-vos
Uma repentina onda de revolta.
Os que fizeram isso são honrados.
Lamento não saber as causas íntimas
Que os motivaram. São sábios e honrados,
E estou certo que vos darão razões.
Não vim roubar os vossos corações;
Eu não sou, como Brutus, orador:
Como sabeis, eu sou um homem simples
Que ama o seu amigo e, bem o sabem
Os que deixaram que eu falasse dele.
Faltam-me espírito, palavra e mérito,
E força de expressão e da oratória
Para acalorar os homens; eu só falo.
Eu vos disse o que vós mesmos sabeis,
Eu só mostrei as feridas de César
Pobres bocas, a cujos lábios mudos
Pedi que vos falassem. Fosse eu Brutus,
E fosse ele Antônio, esse Antônio
Poderia agitar vossos espíritos,
Dando uma língua a cada ferimento,
E havendo de levar todas as pedras
De Roma a amotinar-se num levante. [24]

A ação revoltosa está caracterizada, a "desconfirmação da desconfirmação" transforma a conspiração em rejeição criminosa. A leitura final do testamento, com a revelação de que César deixou dinheiro para cada um dos cidadãos, bem como parte de sua propriedade, sela a persuasão com chave de ouro. O *homo de-*

24 SHAKESPEARE, William. *Op. cit.*, 2006, p. 327.

mens dos plebeus mostra a sua força. César foi um grande e generoso homem na visão do povo romano. Brutus e seus comparsas traidores, desleais ao bem de Roma. Este quadro de verossimilhança é apresentado de forma poderosa aos espectadores romanos, que no seu caminho assassinam o poeta Cinna apenas porque ele tem o mesmo nome de um dos conspiradores.

> TODOS
> *Nós estamos revoltados! Vamos queimar a casa de Brutus.*
>
> ANTÔNIO
> *Aqui está ele, e selado por César.*
> *Aos cidadãos romanos ele deixa,*
> *A cada um, setenta e cinco dracmas.*
> *Além disso, deixou-vos seus passeios*
> *Seus bosques e pomares mais recentes,*
> *Nesta margem do Tibre, para vós*
> *E vossos filhos, para sempre, para terdes*
> *O prazer do recreio ao ar livre.*
> *Esse era um César! Quando haverá outro?*
>
> PRIMEIRO PLEBEU
> *Nunca, nunca! Vamos, vamos todos!*
> *Vamos queimar seu corpo em solo sacro,*
> *Depois de ater fogo nos traidores.*
> *Peguem o corpo.*[25]

Quando os plebeus saem, Antônio revela, ao espectador, mais uma vez, as relações de força que estão na base de seu discurso, dizendo:

> ANTÔNIO
> *Agora é só soltar. E que a maldade*
> *Que tomou conta da vida, vá por onde quiser.*[26]

No quarto ato, primeira cena, Antônio, Otávio e Lepidus formam um segundo triunvirato para dividir o governo de Roma. Eles se encontram, a fim de discutir sua estratégia para impedir a fuga dos conspiradores. Uma guerra civil está se iniciando. Antônio não exibe mais uma comunicação passional, mas, sim, profundamente fria e calculista. Com os outros dois membros, eles fazem uma lista, para decidir quais cidadãos romanos devem morrer e quais devem viver. Lepidus concorda com a morte de seu irmão e Antônio concorda com o assassinato de seu sobrinho. Ambos apresentam uma atitude racional, mas desprovida de qualquer compaixão humana. Antônio exibe, com total transparência, as intenções de força que estavam na base de seu dissimulado discurso proferido no enterro de César. Ele não se preocupa com o bem dos

---

25 SHAKESPEARE, William. *Op. cit.,* 2006, p. 328.

26 SHAKESPEARE, William. *Op. cit.,* 2006, p. 329.

cidadãos, mas apenas em liquidar todo e qualquer inimigo, visando à proteção do seu próprio poder. Chegou a pedir que Lepidus se dirigisse à casa de César para trazer seu testamento, a fim de encontrem um jeito de usar o dinheiro herdado, para financiar a guerra contra os conspiradores. Todavia, assim que Lepidus deixa o ambiente, ele revela suas intenções de se livrar dele também, assim que possível.

ANTÔNIO
Meu cavalo também; por isso, Otávio,
Eu lhe reservo uma ração bem farta:
É um ser que eu treinei para lutar,
Correr, parar, atacar bem de frente,
Com minha mente a controlar seu corpo.
De certa forma Lépido é assim:
Tem de ser ensinado e comandado;
Um espírito estéril, se alimenta
De coisas, artes ou imitações
Que, descartadas já por outros homens,
Ele toma por novas. Não o julgue
Mais que uma ferramenta. [27]

Nas cenas segunda e terceira, os rebeldes estão acampados em Sardes. Brutus e Cassius encontram-se e exibem um descontentamento recíproco, mas decidem se unir como forma de combater seus inimigos mortais. Uma vez que a união deles na conspiração foi firmada em torno de um discurso, desenvolvido por meio do uso da violência simbólica perpetrada por Cassius, vemos de que forma eles convivem, quando as relações de força vêm à tona e deixam de ser dissimuladas. Eles mostram suas divergências em torno do problema da corrupção, e esta situação mostra bem o distinto caráter ético de cada um deles. Fica claro que Brutus tem consciência trágica a respeito das reais intenções de Cassius, no tocante ao assassinato de César. Ele as considera injustas e imorais e reafirma seu caráter íntegro. Ele revela para Cassius que sua esposa, Pórtia, desgostosa com a ascensão de Antônio, cometeu o suicídio, engolindo carvão em brasa.

Ambos divergem em termos de estratégia de luta e, mais uma vez, percebemos que a clareza de princípios torna Brutus menos competente, não só nos jogos de linguagem, mas nas batalhas violentas. Ele sugere que marchem para Philippi, onde está o inimigo, mas Cassius discorda alegando que é melhor que o inimigo os procure, de modo a gastar seus recursos, cansar seus soldados, enquanto eles, permanecendo quietos, podem ficar descansados e na defensiva. Brutus discorda dizendo:

BRUTUS
Melhor razão tem de vencer as boas.
O povo entre Phillippi e este ponto,

27 SHAKESPEARE, William. *Op. cit.*, 2006, p. 334.

Nos tem feito apenas simulado;
O que nos deram foi de má vontade.
Se o inimigo marcha em meio a ele,
Com ele não há de ampliar a sua tropa,
E chegar refrescado e encorajado.
Nós o impedimos de ter uma vantagem
Se em Phillipi o vemos cara a cara,
Já longe desta gente.[28]

Apesar de relutante, Cassius concorda com Brutus, o que significará um erro trágico para ambos. Na cena final, o personagem de César aparece novamente, mas desta vez é o seu fantasma que visita Brutus, estabelecendo este estranho e mórbido diálogo, que aparece como um prenúncio de morte no campo de batalha.

BRUTUS
Como a tocha escurece! Quem vem lá?
É alguma fraqueza dos seus olhos
Que forma a monstruosa aparição.
Chega mais perto. És alguma coisa?
Que esfria o sangue e arrepia o cabelo?

FANTASMA
Teu mau espírito.

BRUTUS
Por que vieste?

FANTASMA
Para te dizer que vais me encontrar em Philippi.

BRUTUS
Mas então vou enxergar-te de novo?

FANTASMA
Sim em Philippi.

BRUTUS
Muito bem; eu te vejo em Philippi então.

No quinto ato, nos campos de Philippi, percebemos que a decisão perpetrada por Brutus, de fato, era querida por seu inimigo Antônio, que se mostra seguro ao afirmar que a chegada do inimigo não o persuade a temê-los:

ANTÔNIO
Conheço os seus segredos e bem sei
Por que fazem. Eles gostariam
De estar em outra parte, e ora descem
Com bravura fingida na ilusão

---

28 SHAKESPEARE, William. *Op. cit.*, 2006, p. 349.

De nos fazer pensar que tem coragem;
Mas não tem.[29]

A seguir, entram Brutus, Cassius e seus exércitos para o confronto final. Antônio recomenda que apenas respondam ao ataque iniciado por eles. Mas o primeiro embate é apenas discursivo, no qual cada um procura desvendar a violência simbólica perpetrada pelo outro, por meio do recurso argumentativo da analogia, através do qual reconhecem, abertamente, o poder controlador do discurso.

BRUTUS
Palavras antes dos golpes, patrícios?

OTÁVIO
Não que as amemos mais, como você.

BRUTUS
As boas são melhores que os maus golpes.

ANTÔNIO
No seu pior houve palavras;
Você furou o coração de César
Gritando "Viva César"!

CASSIUS
Antônio, quais são seus golpes ninguém sabe ainda;
Mas suas palavras roubam o mel
Da própria abelha.

ANTÔNIO
Mas não o ferrão.

BRUTUS
Também e até a voz.
Você roubou-lhe o zumbido, Antônio;
E agora ameaça antes de ferrar.

ANTÔNIO
Mas vocês não, vilões, antes que as facas
Arrebentassem só flancos de César.
Quais macacos e cães bajuladores
Se curvaram beijando os pés de César,
Enquanto o biltre Casca, pelas costas,
Feria César. Ah bajuladores! [30]

Cassius fica nervoso, pois teme perder a batalha. Ele confidencia para Messala que, no caminho de Sardes, duas águias lançaram-se sobre a insígnia do exército e ficaram empoleiradas lá desde então. Isto significa um mau pres-

29 SHAKESPEARE, William. *Op. cit.*, 2006, p. 353.

30 SHAKESPEARE, William. *Op. cit.*, 2006, p. 355.

ságio, pois no lugar das águias surgiram corvos e gralhas. Ele faz com pacto de morte com Brutus: caso percam a batalha, ambos cometerão o suicídio, a fim de evitar a humilhação da derrota.

No início da batalha, Brutus ainda está otimista e faz uma nova avaliação equivocada da situação. Pensa que há falta de entusiasmo na fala de Otávio, e ordena que todos ataquem de uma vez. No entanto, ele acaba autorizando uma pausa, que é utilizada por Antônio para cercar Cassius, no outro lado do campo de batalha. Cassius constata que esta ordem foi dada muito cedo, fazendo com que os soldados fossem mortos um a um, enquanto Antônio cercava. Quando Píndaro comete um engano e reporta para Cassius que Titinius foi capturado, ele perde a esperança de vitória e, com a ajuda do escravo, comete suicídio com a mesma espada utilizada para matar César.

Ironicamente, Cassius, que sempre foi um bom observador das motivações e desejos, perece em virtude de uma equivocada percepção sobre a batalha. Sabendo da morte de Cassius, Titinius também se mata com a espada daquele. Brutus vê a cena de morte e conclui que César está causando morte e destruição entre as tropas dos conspiradores. É como se o fantasma de César, como manifestação discursiva, estivesse influenciando e controlando o comportamento deles, do ponto de vista pragmático, mesmo depois de morto. Ele afirma:

> BRUTUS
> *Ah, Júlio César, tu ainda és poderoso! Teu espírito caminha por toda a parte e guia nossas espadas contra as nossas próprias entranhas.*

No campo de batalha, Brutus percebe que seu exército foi derrotado. Ele afirma que o fantasma de César apareceu novamente na noite passada. Sua hora chegou. Com a ajuda do escravizado Estrato, que segura a espada, ele projeta o seu corpo sobre a mesma.

Antônio e sua tropa chegam. Ele expõe as palavras finais, que deixam de assumir um caráter manipulador, fazendo um lúcido relato da tragédia pessoal de Brutus:

> ANTÔNIO
> *Este foi o mais poderoso dos romanos.*
> *Todos que conspiraram, menos ele,*
> *O fizeram de inveja ao grande César.*
> *Só ele, por honesto pensamento,*
> *E pelo bem comum, tornou-se um deles.*
> *Foi bom em vida, e os elementos*
> *Nele se uniram com tal equilíbrio*
> *Que a Natureza pode, finalmente,*
> *Dizer ao mundo inteiro: Eis um homem!* [31]

---

31 SHAKESPEARE, William. *Júlio César. Tragédias e comédias sombrias: as obras completas*. Tradução de Bárbara Heliodora. Rio de Janeiro: Nova Aguiar, 2006, p. 368.

Capítulo 5

Coriolano

Tolo infeliz!
Por que há de ter o povo tais tribunos?
Com o apoio deles, vai-se a obediência
Ao poder superior. Numa revolta,
Não por ser certo, mas por necessário,
Foram eleitos.
(Coriolano)

Há de ser atirado na Tarpeia
Por duras mãos: ele foi contra a lei,
Portanto a lei lhe nega julgamento
Fora da força severa do povo,
Que para ele é nada[1]*.*
(Sicínio)

Na visão de Bárbara Heliodora, *Coriolano* é uma peça muito crítica e ousada para o seu tempo, inspirada no historiador grego Plutarco e sua obra *Vidas paralelas – Alcebíades e Coriolano*, com a presença nítida de uma visão interativa de poder. Mostra que, às vezes, para se manter a harmonia, é necessário que o grupo social opte pela defesa dos direitos dos mais necessitados, combatendo os abusos e erros daqueles cujos privilégios já são grandes. Como uma espécie de tragédia de exposição da violência simbólica e não de sua afirmação, Shakespeare, assim como fez em *Júlio César*, não se restringe ao fato histórico romano estrito e desenvolve uma releitura dramática e crítica a respeito das qualidades e defeitos que fazem ou desfazem o homem público

1 SHAKESPEARE, William. *Coriolano. Tragédias e comédias sombrias*: as obras completas. Tradução de Bárbara Heliodora. Rio de Janeiro: Nova Aguiar, 2006, p. 1188 a 1192.

ou o governante. O bardo faz um julgamento estético por meio do teatro e do drama, mas este julgamento não é simplista, pois está longe de reforçar ideias absolutas em torno do certo e errado.[2]

A análise, além do texto da peça, inclui a referência a duas performances que tivemos a chance de assistir no teatro londrino: a montagem feita pelo *Almeida Theatre* em 2000, dirigida por Jonathan Kent, tendo o ator Ralph Fiennes no papel de Coriolano. E a recente performance em temporada de 2013 no *Donmar Warehouse*, dirigida por Josie Rourke, tendo como protagonista o ator Tom Hiddleston. Também embasa as nossas reflexões a versão primeira versão fílmica, intitulada Coriolano, dirigida por Ralph Fiennes em 2011, tendo ele mesmo no papel do protagonista. O filme tem por proposta mostrar a atualidade de Coriolano ao contrapor parte do texto clássico com um cenário de crise política contemporâneo, que não é propriamente identificado. Sua leitura do texto complexo é resumida, mas visceral.

Ao escrever a peça, por volta de 1608, Shakespeare já vivia em Londres há 16 anos, logo, seu pensamento estava mais amadurecido. Ele estuda, avalia e examina a vida dos poderosos e dos humildes, em termos interativos, daí a possibilidade de associação com as teorias pragmáticas do poder. O ato político pode ser analisado com objetividade, mais liberdade e menos censura, já que não escrevia sobre a vida política inglesa e nem sobre o cristianismo. Em *Coriolano,* Shakespeare mostra uma situação de conflito de classes para examinar a fundo a relação entre as virtudes públicas e privadas, a influência da personalidade, do temperamento do indivíduo sobre as suas possibilidades de participação interativa na vida pública, ao mesmo tempo que mostra como a massa popular é volúvel e vulnerável ao discurso persuasivo de violência simbólica.[3]

Coriolano não é visto como um herói idealizado que foi vítima de conspirações. Ele é retratado dentro da dialógica *homo sapiens/demens*, exposta por Morin. Ao contrário de Brutus, que não percebia a violência simbólica do poder, o nosso protagonista recusa-se a utilizá-la, devido a sua formação aristocrática e ao seu gênio violento. Coriolano é uma figura desmesurada e desagradável, com um temperamento explosivo, produto de uma educação desequilibrada, que o torna incapaz de diferenciar violência e poder e de obedecer as regras do contrato social em termos interativos. Ele é um herói de guerra, seu corpo é uma máquina de violência física eficiente, mas é incapaz de assumir, pessoalmente, a ideia de poder interativo como violência simbólica ligado a comunicação normativa. Testemunhamos, segundo Bárbara He-

2 HELIODORA, Bárbara. *Falando de Shakespeare.* São Paulo: Perspectiva, 2001, p. 156.

3 HELIODORA, Bárbara. Op. cit., 2001, p. 157.

liodora, o lamentável desperdício de um grande potencial humano.[4] Esta peça não idealiza nem demoniza o seu protagonista, vemos nela uma maravilhosa ambivalência de uma obra de arte que nos permite ampliar nosso conhecimento a respeito de comportamentos humanos por meio da experiência estética que vai findar no exame de sua subjetividade. Shakespeare nos enriquece, no plano intelectual, em todos os aspectos do comportamento humano, na sua ambígua complexidade. O bardo amou e respeitou o ser humano sem precisar construir modelos ideais, tão presentes no mundo teórico contemporâneo.

Logo no início da peça, que se passa no século V a. C., o cenário indica a presença de uma crise de legitimidade na república romana. As relações de poder e de força estão expostas e as relações metacomplementares dos patrícios enfraquecidas, tendo em vista a presença de reações desconfirmadoras generalizadas por parte dos plebeus. Os patrícios pertenciam à nobreza familiar e gozavam de privilégios, como a isenção de tributos e possibilidade de fazer parte do senado. A plebe, apesar de ser a categoria com menos privilégio político e econômico, superou a opressão do período monárquico e adquiriu o poder de eleger tribunos que tinham poder de veto sobre leis vindas do senado. A eleição dos cônsules visava a coibir atos abusivos políticos dos patrícios.

A primeira cena do primeiro ato mostra a desconfirmação pragmática da metacomplementaridade do governo romano por um grupo de cidadãos armados, diante da fome. A autoridade, a liderança e a reputação de Caio Márcio são desafiadas. O dissenso social, exposto na desigualdade e no injusto orgulho do general, é alvo de conflito, expondo as relações de força que estão na base da comunicação normativa, que, em uma situação normal, deveriam ser dissimuladas. Eles afirmam a intenção de promover uma desconfirmação violenta e estão dispostos a morrer pela sua causa. Eles veem Caio Márcio como seu principal inimigo, pois o general é considerado responsável pela alta dos preços do trigo, mesmo quando está armazenado em abundância. Percebe-se a presença de uma "*conflituosa discussão contra*" entre patrícios e plebeus, na qual estes discutem a legitimidade das leis abusivas que favorecem apenas aos ricos e geram a fome entre os plebeus, chegando ao ponto de decidir pela morte do protagonista.

> 1º CIDADÃO
> *Estão todos aqui resolvidos a morrer, antes que passar fome?*
>
> TODOS
> *Estamos resolvidos. Resolvidos.*
>
> 2º CIDADÃO
> *Para começar, sabem que Caio Márcio é o principal inimigo?*

---

4 HELIODORA, Bárbara. *Op. cit.*, 2001, p. 159.

TODOS
Sabemos, sabemos.

2º CIDADÃO
Vamos matá-lo, pois teremos o trigo ao nosso preço. É esse o veredicto?

TODOS
Chega de falar. É fazer e pronto. Vamos! Vamos!

1º CIDADÃO
Somos tidos como maus cidadãos, os patrícios como bons. Se eles nos cedessem apenas o que para eles é sobra, enquanto está saudável, poderíamos julgar que nos aliviaram por humanidade. Mas nós valemos muito para eles. A magreza que nos aflige, a nossa miséria concreta, são uma espécie de inventário que dá conta detalhada de sua abundância. O nosso sofrimento é ganho para eles. Vinguemo-nos de tudo isso com nossas pás antes que eles nos transformem em dentes de ancinhos. Pois os Deuses sabem que digo isso por fome de pão, não por sede de vingança.[5]

2º CIDADÃO
Pretende agir especialmente contra Caio Márcio? Levaram em conta os serviços que ele prestou ao país?
Tudo que ele fez de bom foi só para este fim. Embora os que não pensam, possam dizer que tudo foi pela pátria ele fez tudo para dar satisfação à mãe, em parte, por seu orgulho, que ainda é maior do que suas virtudes.

Menênio Agripa, um cônsul romano com autoridade institucionalizada e confirmada pelo povo, aparece em cena e arma um discurso persuasivo e metafórico para neutralizar a desconfirmação das massas e fortalecer, em termos comunicativos, a autoridade, a liderança e a reputação dos patrícios. Ele é o contraponto da figura de Caio Márcio, pois é amável na sua fala, referindo-se aos plebeus como mestres, amigos e vizinhos, neutralizando o dissenso social presente nas diferenças sociais e reforçando a ideia de poder como liderança. Na tentativa de conter a revolta, reafirma a ideia de poder como reputação, vale-se da metáfora das partes do corpo, na qual o senado seria a barriga e povo o dedão do pé. Como a barriga recebe os alimentos que mantêm vivo todo o corpo, ao distribuí-lo pelo organismo, seria injusto revoltar-se contra ela, acusando-a de não trabalhar. Da mesma forma, percebe-se que o benefício público para o povo advém do senado.

MENÊNIO
Ouça bem amigo.
Ao contrário do afã dos atacantes,
A barriga responde após pensar:
"É bem verdade, amigos tão unidos,
Que eu recebo de início os alimentos
Que os mantêm vivos, o que é justo e é certo,
Pois sou do corpo o armazém e a loja;

5 SHAKESPEARE, William. *Coriolano. Tragédias e comédias sombrias: as obras completas.* Tradução de Bárbara Heliodora. Rio de Janeiro: Nova Aguiar, 2006, p. 1119 e 1120.

E os manda, pelos rios de seu sangue,
A corte-coração, ao trono-cérebro.
Todos os cantos e tendões do homem,
Do maior nervo à mais humilde veia,
De mim recebem a ração normal
Com a qual vivem. Se não podem todos.
(...)
Os senadores são esta barriga,
Vocês os revoltosos. Se examinam
Os cuidados que têm e compreendem
Tudo o que toca o bem comum, verão
Que não recebem benefício público
Que não proceda deles para vocês,
E não de vocês mesmos. Que me diz
Você, dedão do pé desta assembleia?" [6]

Caio Márcio entra em cena e expõe, com muita clareza, a sua visão aristocrática e não interativa do poder. Afirma a sua superioridade natural como forma de "desconfirmação da desconfirmação" popular, neste caso feita de forma atípica, pois desconfirma também a tradição normativa dominante e não apenas a desconfirmação dos plebeus. Constrói um discurso violento em termos reais e não simbólicos, ao contrário de Menênio, expõe as relações de força desiguais que estão na base na relação entre patrícios e plebeus. Mostra o seu desprezo pelo povo e sua inconstância, afirmando a existência de uma desigualdade natural na sociedade.

Também manifesta profundo pesar pela eleição dos tribunos da plebe, o que mostra indícios de uma forma de comunicação abusiva, nos termos pragmáticos, a qual também desconfirma os padrões normativos dominantes, os quais deveria confirmar. Ele aniquila a plebe e seus tribunos como sujeitos, usando um discurso violento. Se os plebeus são tidos naturalmente como inferiores, mesmo que confirmem a ordem legal, devem ser sancionados. O discurso de Caio Márcio para a plebe rompe a complementaridade, destruindo a relação de poder e tornando-se coativo e injusto. Como afirma Bárbara Heliodora:

> *A agressão nasce de um preconceito geral, já que ele, naturalmente, pertencia à aristocracia. O conceito de que todo governo repousa, em última análise, no consentimento dos governados, apenas nascia naquele momento, mas sua importância crescia inexoravelmente até marcar a independência americana e a revolução francesa. Ele ofendia e espezinhava aqueles de quem se considerava governante nato. Todavia, é ele quem desrespeita leis do Estado romano, insistindo que o povo não deve ser ouvido, pois fazê-lo seria sinal de fraqueza da classe dominante.* [7]

---

6 SHAKESPARE, William. *Op. cit.*, 2006, p. 1122 e 1123.

7 HELIODORA, Bárbara. *Falando de Shakespeare*. São Paulo: Perspectiva, 2001, p. 163.

A violência física, e não a simbólica, aparece de forma explícita na agressividade do tom da sua voz e na rudeza de suas palavras quando afirma, ao expor o *homo demens*:

> CAIO MÁRCIO
> *O que há, ralé briguenta?*
> *Quem for gentil com vocês só bajula*
> *O que querem, cachorros?*
> *Confiar em quem muda a toda hora?*
> *Vão embora para casa, seus frangalhos.*
> *(...)*
> *Que morram! Choram fome, citem motes*
> *Que a fome fura muros, que os cães comem,*
> *Que carne é para as suas bocas, e que os deuses*
> *Não dão trigo só pros ricos. Tais trapos*
> *Abanam suas queixas que, atendidas,*
> *Pois é golpe mortal contra a nobreza*
> *E deixa exangue o poder – jogam longe*
> *Os gorros, como se para os pendurar*
> *Lá nos cornos da lua, e cada um*
> *Gritando mais do que outro.*
> *Cinco tribunos eleitos por eles*
> *Para defender sua sabedoria.*
> *Julio Brutus é um, outro é Veluto*
> *Sei lá! Malditos! Ficaria a Roma*
> *Arrasada e sem tetos antes que eu*
> *O aprovasse. Com o passar do tempo*
> *Esse poder aumenta e ainda provoca*
> *Mais brigas e levantes.*[8]

Em seguida, Caio Márcio é informado sobre uma nova desconfirmação violenta por parte dos Vólcios em Corioli. A crise de legitimidade da autoridade romana é muito ampla, saindo, inclusive, dos domínios de Roma. Ele se mostra pronto para a guerra, e vê a violência física como forma exclusiva de reafirmação de sua honra e da autoridade romana. Na terceira cena, a mãe de Caio Márcio, Volúmnia, conversa com a esposa dele, Virgília, e elogia o talento bélico do filho, destacando que mesmo a morte seria uma honra e afirmação de sua reputação e liderança. Fica clara a influência de sua educação unilateral, que o transformou em uma implacável máquina de guerra.

A quarta cena representa a guerra em Corioli, que, por um inesperado feito tático dos Vólcios, acaba por deixar Caio Márcio preso, dentro dos portões da cidade, mostrando o seu caráter bélico e a sua coragem, bem como a sua extraordinária violência física. Ele está sozinho para enfrentar a cidade inteira, seus aliados de guerra pensam que ele está morto, inicialmente. Na oitava cena, confirma-se a sobrevivência do general e o confronto violento entre

8 SHAKESPEARE, William. *Op. cit.*, 2006, p. 1125 e 1126.

Caio Márcio e Aufídio, que é derrotado, reafirmando a autoridade do governo romano. Ele volta a Roma, coberto de sangue, e é aclamado com o *cognome* de Coriolano, como uma espécie confirmação de seu heroísmo bélico. Neste ponto, a autoridade de Coriolano é reafirmada pelo senado, há um projeto de fortalecer a sua institucionalização tornando-o cônsul. O tribuno da plebe Comínio afirma: "Caio Márcio Coriolano usa com honra tal cognome!" [9]

A primeira cena do segundo ato mostra a discussão contra entre Menênio e dois tribunos da plebe, que consideram ser Coriolano arrogante e orgulhoso. Menênio diz que eles não conhecem a si próprios e aponta uma série de defeitos nestes, na tentativa de reafirmar a autoridade e a liderança de Coriolano.[10] Em diálogo posterior, os tribunos da plebe Comínio e Brutus entendem que Coriolano pode tornar-se cônsul e ameaçar o seu poder no senado. Afirmam: "Nossa autoridade com ele no poder irá dormir". Brutus jura que o ouviu dizer que jamais vai se rebaixar para implorar o voto do povo, como manda o costume. Assim conspiram:

> BRUTUS
> *Senão se acaba a nossa autoridade;*
> *Nós temos de lembrar ao povo o ódio*
> *Em que ele sempre o teve e que, mandando,*
> *Vai usá-los para mulas, vai calá-los*
> *Tolher suas liberdades para julgá-los.*
>
> SICÍNIO
> *Em hora que a sua pose e insolência*
> *Toquem no povo — o que não vai faltar,*
> *Sendo ele provocado, o que é mais fácil*
> *Que atiçar cães — então o fogo dele*
> *Acende a palha seca, e a chama dele*
> *O apaga para sempre.*[11]

Na segunda cena, em contraposição à visão negativa dos tribunos da plebe, exibe-se o diálogo entre dois oficiais, discutindo a candidatura de Coriolano ao consulado. Ambos fazem uma análise não maniqueísta de seu caráter, destacando um lado positivo de Coriolano que seria a sua sinceridade, além de assumir o seu ódio ao povo que confirma os bajuladores. Percebemos aqui a intenção de Shakespeare em afirmar a complexidade do personagem, já que o povo também não se mostra completamente esclarecido em termos do poder de violência simbólica da linguagem, uma vez que o confirma, em certa medida. Afirma um deles:

---

9 SHAKESPEARE, William. *Op. cit.*, 2006, p. 1149.

10 SHAKESPEARE, William. *Op. cit.*, 2006, p. 1155.

11 SHAKESPEARE, William. *Op. cit.*, 2006, p. 1161.

2º OFICIAL
A verdade é que tem havido muitos grandes homens que bajulam o povo sem jamais amá-lo; e muitos que este amou sem saber por que; de modo que se o povo ama sem saber por que, ele também odeia sem melhor razão. Assim sendo, Coriolano pouco importa se é amado ou odiado por ele, isto expressa seu verdadeiro conhecimento da disposição da gentalha, e com nobre desdém permite que todos o percebam.[12]

A seguir, o Senado comunica a Coriolano que pretende que ele se torne cônsul, mas Menênio, preocupado com o problema da legitimidade, diz que ele deve seguir a tradição jurídico-política e pedir votos ao povo, que deve confirmá-lo como autoridade metacomplementar. Coriolano, que tem uma visão não interativa do poder, sentindo-se naturalmente nobre e superior a plebe, pede ao Senado para não fazer valer este costume. Percebemos a sua dificuldade em comunicar-se na condição de sujeito (aspecto cometimento de inferioridade) e confirmar a autoridade do povo para que ele próprio o confirme como autoridade. Ele deve comunicar o cometimento na condição de sujeito da relação e cumprir o costume.[13]

Na terceira cena, uma interação comunicativa é constituída, pois os cidadãos comentam que, se Coriolano, na condição de sujeito da relação, pedir os votos e mostrar as suas feridas, eles devem aceitar a sua autoridade e dar os seus votos, confirmando-o como cônsul.[14] Coriolano entra com a veste da humildade, como uma forma de comunicação não verbal da condição de sujeito, reconhecendo e confirmando o poder do povo. Na condição de autoridade, o povo determina que ele deve fazer o pedido individualmente. No início, Coriolano permanece arrogante, não alcançando a condição de sujeito na interação. Porém, Menênio destaca que ele deve falar de modo mais amável, ou seja, de maneira em que o seu desprezo seja dissimulado na forma de um exercício de violência simbólica que reforce a ideia de poder como liderança e reputação para uma final confirmação do poder como autoridade. A seguir, um dos cidadãos diz que Coriolano deve pedir com bondade e ele o faz com uma discreta relutância, mas acaba por não mostrar as cicatrizes dos ferimentos. Em particular, ele confessa o seu pesar por ter de confirmar a tradição da aceitação popular:

CIDADÃO
Temos em nós o poder de fazê-lo, mas é um poder que não temos poder para executar. Pois se ele nos mostrar seus ferimentos e nos contar seus feitos, temos de condicionar nossas línguas por estas feridas e votar nelas. De modo que se ele nos contar seus nobres feitos, teremos também

---

12 SHAKESPEARE, William. *Op. cit.*, 2006, p. 1164.

13 SHAKESPEARE, William. *Op. cit.*, 2006, p. 1169.

14 SHAKESPEARE, William. *Op. cit.*, 2006, p. 1170.

de contar a ele que nobremente nós o aceitamos. A ingratidão é monstruosa e multidão ser ingrata é fazer dela um monstro; e da qual sendo nós membros, isso nos levaria a ser membros monstruosos.

CORIOLANO
Em mim? Que morram!
Só quero que me esqueçam, como esquecem
Das virtudes que os sábios neles gastam.

MENÊNIO
Estraga tudo. Já vou. Fale com eles de modo mais saudável.

CORIOLANO
Bondosamente, senhor, rogo que me deem. Tenho ferimentos para mostrar-lhes, que os satisfarão em particular. Seu bom voto, senhor, o que me diz?

CIDADÃO
Que o terá, meu honrado senhor.

CORIOLANO
Por favor, se for possível ao tom de suas vozes concordar que eu seja cônsul, estou aqui com o traje habitual [15]

Depois que os cidadãos saem, ele diz:

CORIOLANO
Que votos doces!
Antes morrer, morrer até de fome,
Que mendigar o preço que eu mereço
Por que com toga de lobo eu ficar
Até um João Ninguém aqui me dar
Seu voto indispensável? É a tradição.
E como ela quer as coisas são. [16]

Ele conquista os votos do povo, sua autoridade de cônsul é confirmada pela plebe, mas faltam os do senado. No entanto, a instabilidade pragmática está longe de terminar. Os tribunos da plebe, Brutus e Sicínio, controlam a seletividade da ação dos cidadãos contra a autoridade recém confirmada de Coriolano, reforçando a desconfiança deles em relação a este, alegando que o fato de não ter mostrado as cicatrizes demonstra que o seu discurso humilde era dissimulado e que, como cônsul, vai tirar a liberdade deles. Alguns pensam que ele fez o pedido com deboche. Os tribunos persuadem os cidadãos a desconfirmar a eleição e a recente confirmação do seu voto e planejam usar o gênio explosivo de Coriolano contra ele próprio. Há aqui certa referência à manipulação da linguagem, já tratada em Júlio César.

15 SHAKESPEARE, William. *Op. cit.*, 2006, p. 1173.

16 SHAKESPEARE, William. *Op. cit.*, 2006, p. 1174.

SICÍNIO
Então, mestres, escolheram este homem?

CIDADÃO
Senhor, ele tem os nossos votos.

BRUTUS
Praza aos deuses mereça o seu amor.

CIDADÃO
Amém; mas pro meu pobre entendimento
Zombou de nós pedindo o voto.

SICÍNIO
Mas por que foram tolos para vê-lo,
Ou mesmo vendo, quais crianças tolas,
Deram seus votos?

BRUTUS
Por que não falaram
Segundo o que aprenderam? Sem poder,
Quando era mero servidor do Estado,
Sempre foi inimigo, e falou contra
As leis e liberdades que hoje têm
Nesta comunidade; e se ora chega
A lugar de poder e de governo,
Se continua com malignidade
Inimigo do povo, deram seus votos
Pra própria maldição?

CIDADÃO
Não confirmamos; podemos negar.

CIDADÃO
E vamos recusá-lo!
Só eu tenho quinhentos votos contra.

BRUTUS
Pois vão dizer a seus amigos
Que o cônsul que elegeram vai tirar-lhes
As liberdades, dar-lhes tanta voz
Quanto o cão que é surrado por latir
E por calar.

Depois que o povo sai, Brutus assume a atitude "desconfirmadora" da eleição planejada:

BRUTUS
É melhor arriscar esse motim
Do que esperar momento mais seguro.
Se ele se enfurecer, como é normal,
Com essa recusa, havemos de tirar
Vantagem desta fúria.[17]

---

17 SHAKESPEARE, William. *Op. cit.*, 2006, p. 1180.

Na primeira cena do terceiro ato, Coriolano está com os senadores, a aristocracia e os tribunos da plebe. No início, ele ainda pensa na guerra, em Aufídio, pois recebe a notícia de que este o odeia e sonha em vencê-lo. Mais uma vez, ele mostra desprezo em relação aos tribunos da plebe e sua autoridade, e não consegue dissimular o seu discurso "desconfirmador" em potencial que foi reprimido no pedido de votos ao povo. Como estratégia discursiva, Brutus e Sicínio dizem que Coriolano não foi eleito e que o povo estaria irado contra o mesmo e queixoso do seu deboche. Ele é advertido a não ir ao mercado, pois o povo irado estaria apto a "desconfirmá-lo" como cônsul, minando sua recém adquirida metacomplementaridade.

Coriolano, muito irritado com a mudança de atitude do povo, destitui o mínimo de violência simbólica por ele mesmo construída ao propagar o seu discurso "desconfirmador" da participação política do povo na confirmação da sua autoridade como cônsul:

CORIOLANO
Mas o que é isso?

SICÍNIO
É perigoso seguir. Pare aí.

CORIOLANO
Mas que mudança é esta?

COMÍNIO
Não foi eleito por comuns e nobres?

BRUTUS
Não, Comínio.

CORIOLANO
Votaram só crianças?
Isto é conluio e tem como propósito
Cercear a vontade da nobreza:
Aceitá-lo é viver com o que não sabe
Nem governar e ser governado.

SICÍNIO
E agora mostra
Tudo o que irrita o povo. Se passar
Para onde quer ir, há que indagar
O caminho perdido com bons modos
Ou nem terá a nobreza de cônsul
Nem jugo de tribuno.

CORIOLANO
Agora, sim. Aos meus nobres amigos
Eu imploro perdão
E a multidão, mutável, fedorenta,
Se olharem pra mim, que os não bajulo,

Hão de ver como são. E aqui repito:
Se os agradarmos, só alimentamos
Contra o Senado um joio de rebeldes
Sedição, insolência, que nós mesmos
Plantamos e espalhamos ao mesclarmos
Conosco quem não tem virtude ou força
Senão as que ganharam por esmola.[18]

Menênio pede que ele se cale, mas Coriolano continua a *discussão contra* de forma inflamada e "desconfirmadora":

CORIOLANO
Mesmo o povo tendo mais poder lá
Nutriu apenas a desobediência
E a ruína do Estado.[19]

A seguir, ele desconfirma a autoridade dos próprios tribunos da plebe, pois, de forma abusiva, é acusado de traição por eles (comportamento ilícito, não reconhecido por ele):

SICÍNIO
Falou como traidor, e, qual traidor,
Ele há de responder.

CORIOLANO
Tolo infeliz!
Por que há de ter o povo tais tribunos?
Com o apoio deles, vai-se a obediência
Ao poder superior. Numa revolta,
Não por ser certo, mas por necessário,
Foram eleitos. Em melhor momento,
Seja certo dizermos o que é certo,
E jogar na poeira tais poderes.

BRUTUS
Isso é traição!

SICÍNIO
Esse aí, cônsul? Nunca! [20]

Na tentativa de reafirmação da autoridade metacomplementar romana, é ordenada a prisão de Coriolano como forma de transformação da desconfirmação em rejeição ilícita. O povo é chamado a participar. Sicínio diz às pessoas que Coriolano quer retirar o seu poder, ao "desconfirmá-lo", em um momento

18 SHAKESPEARE, William. *Op. cit.*, 2006, p. 1183.

19 SHAKESPEARE, William. *Op. cit.*, 2006, p. 1187.

20 SHAKESPEARE, William. *Op. cit.*, 2006, p. 1188.

de reafirmação da autoridade dos tribunos da plebe e do poder do povo. Brutus pede a morte de Coriolano, exigindo que este se entregue na condição de sujeito criminoso.

> SICÍNIO
> *Estão para perder suas liberdades:*
> *Márcio lhes tiraria tudo, Márcio*
> *A quem odeiam, elegeram cônsul.*
> *O que é a cidade, se não o povo?*
>
> TODOS OS PLEBEUS
> *Verdade, o povo é que faz a cidade.*
>
> BRUTUS
> *Por consenso geral nós fomos feitos*
> *Magistrados do povo.*
> *Ou afinamos a nossa autoridade*
> *Ou a perdemos aqui: aqui proclamamos*
> *Por esse povo, por cujo poder*
> *Fomos eleitos, que Márcio merece*
> *Morte imediata.*
>
> SICÍNIO
> *Há de ser atirado na Tarpeia*
> *Por duras mãos: ele foi contra a lei,*
> *Portanto a lei lhe nega julgamento*
> *Fora da força severa do povo,*
> *Que para ele é nada.*[21]

Coriolano não cede e puxa a sua espada em um ato ainda mais "desconfirmador" e violento. O povo é controlado, todos os senadores pedem que Coriolano vá para casa e ele vai. Menênio conversa com os tribunos da plebe e com o povo e, mais uma vez, tenta obter a confirmação de Coriolano como cônsul, procurando persuadir os que ouvem a respeito de suas boas qualidades. Em contrapartida, Sicínio aponta o abuso de poder, em termos pragmáticos, praticado por Coriolano.[22]

Na segunda cena, Volúmnia, mãe de Coriolano, tenta controlar a sua seletividade incentivando-o a construir uma violência simbólica, dissimulando o seu temperamento violento e sua inclinação a se comunicar de forma abusiva com os plebeus. Ele foi criado para ser um sincero e arrogante herói de guerra, mas a mãe, neste momento, exige que ele aprenda a linguagem persuasiva e dissimulada do poder. Nas palavras de Bárbara Heliodora, ela parece ter consciência de que a sua educação o tornou "incapaz de encarar a vida em termos que não os do campo de batalha (falha fundamental como cidadão e

21 SHAKESPEARE, William, *Op. cit.*, 2006, p. 1192.

22 SHAKESPEARE, William. *Op. cit.*, 2006, p. 1194.

como candidato a governante)".[23] Agora, ela parece estar insatisfeita com seu lado violento e irracional — homo demens — e cobra o emergir de uma racionalidade política — *homo sapiens* — para qual ele não se sente preparado.

CORIOLANO
Espanta-me que minha mãe
Não me aplauda mais, já que sempre os disse
Uns escravos lanudos, inventados,
Para serem negociados por tostões,
Sem chapéu, boquiabertos, deslumbrados

VOLÚMNIA
Devia vestir bem o seu poder,
Antes de esfarrapá-lo.
Bem poderia ser o homem que é,
Tentando menos: seriam menores
Os seus tropeços de temperamento
Se não mostrasse tudo o que sentia
Antes que não pudessem mais frustrá-lo.
(...)
É bom que ouça
Meu coração é rijo como o seu
Porém meu cérebro utiliza a raiva
Com mais proveito.
(...)
Por que agora é que lhe vai caber
Falar ao povo não pelo que pensa
Nem pelo que diz o coração,
Mas com palavras decoradas.
(...)
Eu lhe imploro meu filho,
Vá com eles, de chapéu na mão,
E se já chegou a tanto — siga os outros
Beije o chão com o joelho, e os olhos do ignorante
Valem mais que os ouvidos; com a cabeça.[24]

Percebemos que a mãe tem o poder de controlar a seletividade de Coriolano, que é persuadido, por ela, a usar a língua falsa (*homo sapiens*) e trair o seu coração (*homo demens*). Menênio diz que ele deve "falar doce", voltar e pedir desculpas aos tribunos, expondo um aspecto de cometimento complementar de inferioridade, e, posteriormente, de igualdade.

CORIOLANO
Calma, eu lhe peço.
Mãe, não me repreenda; eu já vou indo
Para o mercado. Qual um saltimbanco

---

23 HELIODORA, Bárbara. *Falando de Shakespeare.* São Paulo: Perspectiva, 2001, p. 1198.

24 SHAKESPEARE, William. *Op. cit.*, 2006, p. 1198.

Conquisto os corações e volto amado
Por todos os ofícios, Saúdo minha esposa. Volto cônsul,
Ou nunca mais confiem nesta língua
Para mais bajulações.[25]

Na terceira cena, ocorre o confronto decisivo entre Sicínio, Brutus, Menênio, Coriolano e os senadores. Os tribunos pretendem reunir o povo, em nome do direito dos comuns, a fim de boicotar a confirmação da eleição de cônsul, transformando a desconfirmação de Coriolano, já anunciada previamente, em rejeição ilícita, impondo pena de morte, multa ou banimento. Combinam de instigar a ira de Coriolano, fazendo seu lado irracional transbordar, como forma de confronto do forte poder de manipulação da palavra em face do fraco poder da força física como elemento da afirmação da autoridade política.

Visualizamos uma disputa em torno do aspecto-cometimento da relação. Quem deve falar primeiro? Coriolano ou os tribunos? Sicínio exige que ele se submeta aos pressupostos do voto popular e à censura legal por qualquer falta. Coriolano confirma a norma da tradição, como prometeu a sua mãe. Menênio usa argumentos persuasivos em torno de seu heroísmo guerreiro: haveria nele sempre um soldado, ele é rude, mas não malévolo. Coriolano menciona a incoerência popular de pretender desconfirmar aquilo que previamente foi confirmado, em termos comunicativos.

SICÍNIO
Eu exijo
Que submetido ao voto popular,
Respeite os seus prepostos resignando-se
À censura legal por qualquer falta
Que se prove contra si.

CORIOLANO
Eu concordo.

MENÊNIO
Que se fala não como um cidadão,
Nele há sempre o soldado. Não confundam
Seus tons mais rudes com algo malévolo;
São, como disse, dignos de um soldado.
E não ofensa ao povo.

CORIOLANO
Por que razão,
Sendo eleito cônsul com seus votos
Fico tão desonrado que em uma hora
Retiram o já dado?[26]

---

25 SHAKESPEARE, William. *Op. cit.*, 2006, p. 1203.

26 SHAKESPEARE, William. *Op. cit.*, 2006, p. 1206 e 1207.

A seguir, como estratégia discursiva, Sicínio intenta fazer brotar a violência física de Coriolano, naquele breve momento transformada em simbólica: o acusa de conspiração para se tornar um poder tirânico e de ser um traidor do povo. Ao ouvir a palavra "traidor", Coriolano rebela-se, por também se sentir alvo de uma comunicação abusiva, sem perceber que está sendo manipulado e tendo a sua seletividade controlada pelos tribunos. Expõe as relações de força dissimuladas e desconfirma, mais uma vez, os tribunos e o povo. Aqui temos outra relação de poder constituída pelos tribunos, que leva à destruição da relação de poder de Coriolano com o povo.

> SICÍNIO
> *Nós o acusamos de ter conspirado*
> *Para se fixar como poder tirânico;*
> *O que o transforma em traidor do povo.*
>
> CORIOLANO
> *O que? Traidor?*
>
> *MENÊNIO*
> *Com calma! Prometeu!*
>
> CORIOLANO
> *Que o pior dos infernos queime o povo!*
> *Eu sou traidor? Tribuno Injurioso!*
> *Nem com vinte mil mortes neste olhar,*
> *Milhões em tuas mãos e a soma*
> *Na tua falsa língua, e eu insistiria*
> *Em dizer-te "tu mentes com a clareza*
> *Com que aos Deuses rezo".*
>
> *TODOS OS PLEBEUS*
> *Pra rocha! Pra rocha com ele!* [27]

Percebemos que também o povo, na condição de autoridade, é levado pelos tribunos a assumir uma espécie de comunicação normativa abusiva em relação à Coriolano. Mesmo após evitar a conhecida atitude abusiva em relação a eles e confirmar o costume normativo, uma segunda vez, Coriolano é considerado um traidor criminoso. A seletividade da ação do povo é controlada pelos tribunos, pois as pessoas são levadas a crer, pelo seu comportamento passado, que Coriolano exerceria uma comunicação abusiva futura na função de cônsul, que de fato acaba por se firmar neste momento. Sicínio, a seguir, usa mais uma vez a estratégia linguística de transformar a desconfirmação em uma rejeição ilícita, ao afirmar:

> SICÍNIO
> *Não preciso de mais acusações*
> *Tudo o que viram fazer ou dizer*

---

27 SHAKESPEARE, William. *Op. cit.*, 2006, p. 1207.

Batendo em uns e maldizendo os outros,
Com agressões à lei, desafiando
Aqueles com poder para julgá-lo
É criminoso em nível capital,
Merece a pior morte.[28]

Sicínio comunica a sentença de banimento da cidade, sob pena de arremesso do alto da Tarpeia. A revolta de Coriolano é cada vez mais afirmada, e, desta vez, bastante radical. Ele promove um tipo de axiomatização do discurso dogmático de sua autoridade que o torna irracional ao suprimir seu caráter dialógico. Shakespeare, conscientemente, deixa sem explicação a agressividade para com os tribunos ou o povo, e sem justificativa os insultos e as acusações que se sucedem na sua fala agressiva. Segundo Bárbara Heliodora:

> *Na violência da linguagem do protagonista, vemos que o seu comportamento o conduziu ao fim que teve, nele encontramos o tipo de deformação, de insensibilidade aos valores não guerreiros da vida. Por outro lado, a massa tem uma natureza infantil e pode ser conduzida com facilidade. Ele é o leão, mas não sabe ser raposa, como seus pares.*[29]

Mais uma vez, ele desconfirma a sua condição de criminoso e toda autoridade metacomplementar de Roma, tanto dos patrícios e plebeus:

CORIOLANO
Ó matilha de cães de hálito imundo
Como o do poço envenenado! Odeio-os
Como às carcaças que, desenterradas, corrompe-nos o ar. Eu os renego;
Fiquem aqui com suas incertezas
Que até boatos fazem palpitar!
Que o farfalhar das plumas do inimigo
Enchem de horror! Terão poder ainda
Para banir os fiéis — até que um dia
Sua ignorância (que não pensa, sente)
Que só poupou vocês, vai entregá-los
Como o mais humilhado dos cativos
A uma nação que os vença sem um golpe
Por você eu desprezo Roma e parto:
Existe um mundo fora destes muros!

PLEBEUS
Nosso inimigo foi banido! Ele partiu! Se foi! [30]

Na primeira cena do quarto ato, Coriolano despede-se da mãe, da esposa, de Menênio e de Comínio. Volúmnia afronta Sicínio, dizendo que ele foi

---

28 SHAKESPEARE, William. *Op. cit.*, 2006, p. 1208.

29 HELIODORA, Bárbara. *Falando de Shakespeare*. São Paulo: Perspectiva, 2001, p. 168.

30 SHAKESPEARE, William. *Op. cit.*, 2006, p. 1209 e 1210.

uma raposa, em alusão a Maquiavel, que baniu quem mais lutou por Roma, apenas proferindo discursos. Na quarta cena, Coriolano chega a uma nova cidade, Corioli, com trajes pobres, disfarçado. É bem recebido por Aufídio e torna-se seu aliado, confirmando a sua autoridade. Neste momento, percebemos como a sua transformação em inimigo de Roma desconfirma a sua pena de banimento pela prática de ato ilícito.[31]

Na sexta cena, os tribunos pensam que são vitoriosos, mas recebem a notícia de que Coriolano se aliou a Aufidio para invadir Roma. Ocorre uma clara inversão de posições de poder. Coriolano passa a dominar novamente, mas em termos informais, por meio da díade forte/fraco, relacionada ao código da violência. Ele se institucionaliza como autoridade dos Vólscios, no que diz respeito a liderança e reputação. Menênio diz que todos estão perdidos, a não ser que Coriolano tenha piedade. O povo se arrepende de tê-lo banido, pois sabe que, em um confronto de guerra, não há como vencê-lo.[32] A ameaça de violência passa a constituir uma nova relação de poder com os romanos.

Na sétima cena o diálogo entre Aufídio e seu tenente ressaltam a institucionalização da autoridade de Coriolano.[33]

A primeira cena do quinto ato mostra que Comínio não teve sucesso ao falar com Coriolano. Todos decidem que Menênio também deve tentar falar com ele e implorar por seu perdão. Refere-se a ele como sendo "seu filho", mas Coriolano diz que não conhece esposa, mãe ou filho, agora ele serve outros e quer vingança, mas depois confessa que devolveu Menênio com o coração partido.[34]

A seguir, entram Volúmnia e Virgília. Volúmnia, de forma estratégica, ajoelha-se diante de Coriolano, expondo uma comunicação com cometimento complementar não verbal de submissão, que inverte a relação de autoridade materna. Ela propõe que seja feito um acordo de paz com um homem que foi domesticado para a guerra, em uma espécie de ato "desconfirmador" da sua personalidade guerreira. Ele pede para que ela não suplique perdão para os romanos. Volúmnia clama para ser ouvida e invoca, de forma detalhada, argumentos emocionais e familiares, usando claramente recursos de violência simbólica na sua fala, em termos de reputação honrosa da família, prestes a ser aniquilada.

> VOLÚMNIA
> *Não nos deixe.*
> *Fosse acaso intenção de vossa súplica*
> *Para salvar os romanos destruir*
> *Os Vólcios a que serves, poderias*
> *Dizer que envenenamos a sua honra;*

---

31 SHAKESPEARE, William. *Op. cit.*, 2006, p. 1228.

32 SHAKESPEARE, William. *Op. cit.*, 2006, p. 1235 e 1236.

33 SHAKESPEARE, William. *Op. cit.*, 2006, p. 1237.

34 SHAKESPEARE, William. *Op. cit.*, 2006, p. 1249.

Mas só pedimos que se reconcilies
Poderão Vólcios dizer "Perdoamos"
E ambos, ao louvar-te, gritariam
"Abençoado o que nos trouxe a paz"
Tu sabes, grande filho, que é incerto
O fim da guerra; porém isto é certo
Se vences Roma o lucro que assim colhes
Será um nome para sempre maldito.[35]

Em uma cena forte, em termos emocionais, vemos a fragilidade e a dependência total de Coriolano em relação a sua mãe, que constrói uma eficiente relação de poder com seu filho. O homem violento e irredutível em sua honra bélica colapsa e transforma-se em um menino frágil em poucos minutos. De joelhos, expondo uma comunicação totalmente submissa, ele tem a seletividade de sua ação controlada, atende o pedido de paz e diz que não vai mais atacar Roma. O povo está revoltado com os tribunos, mas, com o perdão de Caio Márcio, eles devem revogar o banimento e receber Volúmnia com honrarias. De certa forma, ele antevê o seu destino trágico e mortal, comandado pela matriarca.

CORIOLANO
Mãe, ó mãe!
O que fez? Veja como os céus se abrem,
E os Deuses, vendo esse quadro anormal,
Se riem dele. Ai, mãe, ai minha mãe!
Para Roma conquistou bela vitória;
Mas sobre o seu filho, creia, creia,
Prevaleceu só com grande perigo,
Ou talvez morte para ele. Que venha.
Aufídio, sem poder fazer mais guerra,
Eu quero elaborar paz conveniente.
Em meu lugar, bom Aufídio, ouviria
Menos sua mãe? Concederia menos?[36]

Na última cena, Coriolano ainda acredita que há alguma chance de a paz firmada ser vista como benéfica, mas é recebido como sendo um "traidor", que abusou de seus poderes por desconfirmar o pacto de guerra ao atender o pedido de sua mãe. Aufídio, em contrapartida, desconfirma seu ato de paz e seu título de Coriolano ao se referir a ele como "Caio Márcio". Também se refere a ele como "guri chorão", despertando a ira do general. Shakespeare mostra o dissenso social presente na época, dentro e fora de Roma. O povo de Corioli

35 SHAKESPEARE, William. *Op. cit.*, 2006, p. 1252.

36 SHAKESPEARE, William. *Op. cit.*, 2006, p. 1254.

avança sobre ele e quer cortá-lo em pedaços.[37] O nobre pede que a carnificina pare, e Coriolano faz a desconfirmação violenta final do povo de Corioli e de Aufídio. Os conspiradores puxam as espadas e matam Márcio. Aufídio pisa o corpo em um ato de desconfirmação radical. A violência final está institucionalizada e a relação de poder entre Coriolano e povo de Corioli, extinta.

AUFÍDIO
Não o leiam nobre;
Mas digam ao traidor até que ponto
Abusou de seus poderes.

CORIOLANO
Traidor? Como?

AUFÍDIO
Sim traidor, Márcio!
Sim, Márcio, Caio Márcio! Ainda pense
Que lhe concedo o nome que furtou,
Coriolano em Corioli?
Nobre e representantes, com perfídia
Traiu-nos ele a causa concedendo
Por uns pingos salgados, a sua Roma,
Sim, digo "sua", a sua esposa e mãe;
Quebrando jura e planos como se fossem
Um nó de seda podre, sem consulta
Ao conselho da guerra: só por prantos
Ele entregou, aos gritos, sua vitória,
Envergonhando os pajens e deixando
Os homens espantados, se entreolhando.

CORIOLANO
Ouviste, Marte?

AUFÍDIO
Não fale em deuses, guri chorão.

CORIOLANO
Meu coração, nessa mentira imensa,
Explode o que continha. "Guri!" Crápula!
Perdão senhores, se por vez primeira
Eu precise imprecar. O seu critério
Desmentirá o cão, e a mente dele
Que leva em si as marcas de meus golpes
E há de levar para tumba as minhas surras
Também o chamará de mentiroso.

37 SHAKESPEARE, William. *Op. cit.*, 2006, p. 1252.

TODO O POVO
Cortem logo em pedaços! Já! Agora!
Matou meu filho e filha! Ele matou
Marcos meu primo! Ele matou meu pai! [38]

Na visão de Harold Bloom, Aufídio faz uma leitura apurada da personalidade de Coriolano. Ele é uma vítima notória de sua mãe dominadora, pois, tornou-se uma criança superprotegida que, exceto no campo de batalha, é um desastre esperando para acontecer em termos sociais. Ao se confrontar com a massa de plebeus, ele os insulta com absoluta fúria.[39] Nas palavras de Bárbara Heliodora, confirma-se a visão interativa e não substancial do fenômeno do poder:

> *Ele teve uma educação anômala com Volúmnia, uma mãe viúva, que tentou substituir o pai e acabou dando a seu filho uma visão rígida e bitolada, sem as virtudes mais amenas com que a mãe deve contribuir para a formação equilibrada de um filho. Ele não sabia ter o comportamento que seu status privilegiado exigia, o direito a esse lugar, por nascimento, não é suficiente. Embora ele fale a partir da sua autoignorância, ele também tem de ser repelido pelo grupo social. O ato político que ignora, totalmente, os relacionamentos humanos, peca pela base.*[40]

38 SHAKESPEARE, William. *Op. cit.*, 2006, p. 1262 a 1265.

39 BLOOM, Harold. *The Invention of the human.* New York: Riverhead Books, 1999, p. 578.

40 HELIODORA, Bárbara. *Falando de Shakespeare.* São Paulo: Perspectiva, 2001, p. 164.

Capítulo 6

A Tempestade

As tumbas libertaram seus defuntos
Graças a minha arte. Mas tal mágica
Aqui renego; e quando houver pedido
Divina música – como ora eu faço
Para alcançar meus fins pelos sentidos
Que tal encanto toca, eu quebro a vara,
A enfio muitas braças dentro da terra,
E mais profundo que a mais funda sonda,
Enterrarei meu livro[1].
(Próspero)

A *Tempestade* é a última peça que Shakespeare escreveu sozinho, em 1623. É considerada uma obra romântica, pois apresenta, nas suas reflexões finais, um tom conciliatório, embora tenha várias passagens trágicas e cômicas no seu corpo dramático. Tem como característica própria a grande musicalidade e a finalização otimista de um tema que poderia terminar em tragédia, narrado na forma de um conto de fadas. Ele resgata, de forma geral, temas presentes em outras peças. Defende, mais uma vez, uma concepção interativa de poder político-jurídico e uma ideia filosófica na qual o perdão, como conceito de justiça, pode ser uma contrarreação política mais relevante que o modelo vertical de vingança emotiva. O caráter fabular permite ao autor livrar-se da referência histórica imediata à política inglesa ainda presa aos modelos formais medievais do direito divino. Também é considerada uma obra que homenageia o humanismo próprio da criação teatral, presente no discurso final em que Próspero se dirige e interage com a plateia, pedindo seu perdão. Aceita-se que Shakespeare inspirou-se na obra *Dos Canibais*, de Montagne, donde adveio a ideia de que haveria um novo mundo natural, ainda não corrompido pela civilização. Ademais, foram divulgadas, entre 1609 e 1610,

1 SHAKESPEARE, William. A *Tempestade. Comédias e romances: as obras completas.* Tradução de Bárbara Heliodora. Rio de Janeiro: Nova Aguiar, 2009, p. 1580.

no início da expansão colonial inglesa, notícias sobre um naufrágio perto das ilhas Bermudas de um navio que ia para a América do Norte em que pessoas sobreviveram em uma ilha. Na visão de Bárbara Heliodora, todos esses elementos auxiliaram a potencializar a imaginação dramática antirrealista e fabular do autor a respeito do tema do poder no que poderia ser chamado de Novo Mundo.[2]

A pesquisadora londrina Christine Dymkowski, que se dedicou ao estudo profundo desta peça, ao aproximar o texto às diversas encenações inglesas, destaca que a sua riqueza não realista tem permitido diversas interpretações, em diferentes *performances* ao longo dos séculos. Haveria, nos termos propostos pela pensadora, infinitas possibilidades de reconstrução do sentido no texto shakespeariano em uma montagem teatral, levando em conta a distinta caracterização de cada personagem em particular. No entanto, a autora destaca sua permanente atemporalidade e importância em figurar como um "espelho" que reflete, de forma impactante, preocupações políticas e sociais contemporâneas. Neste sentido, mais uma vez, a proposta é analisar como o tema do poder aparece, de um ponto de vista interativo, na obra.[3]

Além do texto da peça, a nossa referência interpretativa terá como base as versões narrativas fílmicas feitas por Peter Greenaway em 1991 (*Os livros de Próspero*), obra que desenvolve uma combinação complexa da pintura, música, imagem, caligrafia, entre outras formas de expressão artística; e a realizada por Julie Taymor em 2011, que reconstrói Próspero em um papel feminino. Em termos de performance teatral, nossa fonte de reflexão principal será a versão clássica, dirigida por Trevor Nunn, no Haymarket Theatre em Londres, em 2011, tendo o ator Ralph Fiennes no papel de Próspero. Apesar das diferentes leituras destas três narrativas performáticas, há um elemento comum que as iguala: a complexidade humana de Próspero é preservada, já que ele aparece como um personagem divino e falível ao mesmo tempo, ao apresentar sentimentos ambíguos de ódio e compaixão, ao ter a sua concepção de poder e de justiça modificada em termos dramáticos no momento em que passa a interagir com seus antigos inimigos.

Próspero, sofrendo os efeitos de uma atitude abusiva do seu irmão, teve a sua autoridade de Duque "desconfirmada" e foi banido de Milão. Sobrevive, ao lado de sua filha Miranda, em uma ilha isolada, desenvolvendo uma noção não interativa do poder por meio do uso da arte da magia branca e de estudos profundos sobre a humanidade. A narrativa da peça é expandida no momento que seus poderes mágicos atraem seus inimigos, que naufragam na ilha, em uma intenção de consolidação de sua afirmação da noção de justiça como modelo retributivo vertical, baseado na emoção da vingança, que trata de retribuir o mal com o próprio mal. No entanto, a interação comunicativa

2 SHAKESPEARE, William. *Op. cit.*, 2009, p. 1497.

3 DYMKOWSKI, Christine. *The Tempest. Cambridge*, UK: Cambridge University Press, 2000, p. 1.

estabelecida na ilha entre Próspero e seus antigos inimigos, em poucas horas, rompe o isolamento do mágico e irá influenciar, aos poucos, a seletividade da sua ação, levando-o a questionar se a noção substancial de poder, como força da magia, seria válida para um bom governo entre seres humanos. Nas palavras de Bárbara Heliodora, "mesmo no mundo da fantasia, as preocupações do autor estão sempre ligadas a vivências concretas e humanas, que, em lugar de lhe cercearem a fantasia, dotam-na de permanência e solidez".[4]

Na primeira cena do primeiro ato, vemos um pequeno navio no mar quando percebemos a aproximação de uma forte tempestade com barulhos de raios e trovões. No meio do caos da natureza, há uma visão interativa do poder e uma crise de legitimidade da autoridade no navio. Em nome da segurança de todos, o contramestre desconfirma a posição metacomplementar da autoridade do rei de Nápoles, não mais assumida como sendo como unilateral e intocável, neste contexto natural. Há um diálogo entre o mestre e o contramestre, em que o primeiro ordena que o segundo tome rápidas providências para evitar que o navio encalhe. Aparecem no convés Alonso, rei de Nápoles, seu irmão Sebastian, seu filho Ferdinand, Antônio, duque de Milão e Gonzalo, um nobre conselheiro. O contramestre, confirmando as ordens recebidas do mestre, diz que os nobres devem ficar nos camarotes na parte de baixo do navio, a fim de não atrapalharem as manobras. Os nobres relutam em confirmar a ordem, e Gonzalo lembra que um rei está a bordo, mas o contramestre reluta, e reage "desconfirmando", novamente, a autoridade dos nobres:

> CONTRAMESTRE
> *Não está ouvindo? Estão atrapalhando o serviço: fiquem nos camarotes; estão ajudando a tempestade.*
>
> GONZALO
> *Não meu amigo, tenha paciência.*
>
> CONTRAMESTRE
> *Quando o mar tiver. Fora! O que é um rei para essas ondas? Pros camarotes! Silêncio! Não nos atrapalhem.*
>
> GONZALO
> *Muito bem; mas lembrem-se de quem têm a bordo.*
>
> CONTRAMESTRE
> *Ninguém de quem eu goste mais do que de mim mesmo. O senhor é conselheiro; se puder calar os elementos e trazer a paz ao presente, nós não tocamos mais uma só corda; use a sua autoridade. Mas se não puder, dê graças por ainda estar vivo e vá se preparar no camarote para os riscos do que pode acontecer numa hora destas. Ânimo, meus corações! Já falei, saiam do caminho.*[5]

---

4 HELIODORA, Bárbara. *O homem político em Shakespeare.* Rio de Janeiro: Editora Agir, 2005, p. 226.

5 SHAKESPEARE, William. *Op. cit.*, 2009, p. 1504.

Os nobres saem, mas, em seguida, voltam, também "desconfirmando a desconfirmação" do contramestre poucos instantes antes do navio naufragar.

> CONTRAMESTRE
> *Mais de novo! Fazendo o que aqui? Preferem desistir e se afogarem? Estão querendo afundar?*
>
> SEBASTIAN
> *Maldita a sua garganta, cão que gane e blasfema sem piedade.*
>
> CONTRAMESTRE
> *Faça o serviço então.*
>
> ANTÔNIO
> *Vá se enforcar, cachorro! Vá se enforcar, seu filho da puta barulhento. Temos menos medo de afogamento do que você.*[6]

Na segunda cena, perto da gruta de Próspero, tomamos ciência de que a tempestade não foi um fenômeno natural, mas fruto de uma imposição de poder volitiva, bastante ressentida e ávida por vingança, que mostra o lado irracional — *homo demens* — de Próspero, como sendo dominante. Sua generosa e delicada filha Miranda manifesta pesar em relação ao destino trágico do navio provocado pela mágica do pai. Ele confirma que ordenou o naufrágio, mas afirma que não houve prejuízos humanos, que ninguém se machucou, e que tudo foi feito pensando nela. Próspero diz a Miranda que ela ignora quem ela é e destaca que chegou a hora dela saber tudo sobre o seu passado.

> PRÓSPERO
> *Console-se: a visão desse naufrágio*
> *Eu ordenei, com apoio da minha arte,*
> *Com segurança tal que alma nenhuma...*
> *Não, nem sequer a perda de um cabelo*
> *Teve qualquer criatura nesse barco*
> *Que, pelos gritos, pensou que afundara.*
> *Sente-se agora,*
> *Pois tem de saber mais.*[7]

Próspero tira a sua capa mágica e esclarece, com bastante ressentimento emotivo, que ambos chegaram à ilha há 12 anos, quando Miranda não tinha nem três anos completos. Ele era o duque de Milão, um grande príncipe, e, ela, uma princesa. Mas devido ao interesse nos estudos do ocultismo, em confiança total, entregou o governo ao seu irmão Antônio, tornando-se o que ele mesmo chama de "um estranho ao seu Estado". Os livros passaram a representar

---

6 SHAKESPEARE, William. *Op. cit.*, 2009, p. 1504.

7 SHAKESPEARE, William. *Op. cit.*, 2009, p. 1507.

um tipo de reinado informal. De certa forma, o duque "desconfirmou" a interação política entre governantes e governados em nome da consolidação de uma forma de poder mais unilateral calcado no conhecimento humano e na magia. Passou a depender da lealdade de seu irmão para que essa desconfirmação não fosse conhecida pelos governados, mas este não tinha uma natureza generosa e confiável. O irmão Antônio penetrou na arte da dissimulação da violência simbólica do poder, controlou a seletividade dos que compunham os quadros do governo para fortalecer a sua reputação e sua liderança, ao mesmo tempo que enfraquecia a metacomplementaridade de Próspero, já debilitada por sua omissão interativa. Com o tempo, ele começou a crer neste personagem e, com ambição, decidiu transformar-se no próprio duque de Milão.

> PRÓSPERO
> *O meu irmão, seu tio que é Antônio...*
> *Peço que note como pode um irmão*
> *Ser assim pérfido... Aquele a quem*
> *Fora você, mais amava no mundo,*
> *Fiz administrador do meu Estado,*
> *O primeiro daquele principado,*
> *Como era Próspero o primeiro duque,*
> *Não só por dignidade, mas por ímpar*
> *Nas artes liberais, por cujo estudo*
> *Entreguei o governo ao meu irmão,*
> *Tornando-me um estranho ao meu Estado,*
> *Estudando o secreto. O tio falso...*
> *Está-me ouvindo?*
>
> MIRANDA
> *E com muita atenção.*
> PRÓSPERO
> *Por repetir inventou a verdade,*
> *E obrigando a memória pecadora*
> *A crer no que mentia, acreditou*
> *Que era mesmo o duque; só que com a troca*
> *Dos aspectos externos da realeza*
> *E sua pompa; donde a ambição.*
> *(...)*
> *Sem nada separando o seu papel*
> *De quem o interpretava, precisou*
> *Ser o próprio Duque de Milão. Pra mim, meus livros*
> *Já eram um ducado para reinar.*[8]

Antônio fez um trato com o rei de Nápoles, antigo inimigo de Próspero. Começou a lhe pagar tributos e render homenagens, de forma submissa. Fi-

8 SHAKESPEARE, William. *Op. cit.*, 2009, p. 1509.

cou acertado que Próspero e sua família seriam eliminados e ele se tornaria duque de Milão. No entanto, como a autoridade metacomplementar de Próspero era supostamente confirmada pelo povo, não seria prudente, do ponto de vista pragmático, assumir o ato "desconfirmador" de forma sangrenta e abusiva. Observamos que a omissão abusiva de Próspero teve como contrapartida pragmática uma contrarreação igualmente abusiva de seu irmão, que levou à aniquilação da sua posição social como governante. Deste modo, no meio da noite, Antônio assume a sua usurpação "desconfirmadora", abre as portas de Milão para que as tropas de Nápoles os deixassem em uma barcaça podre e sem mastros, sem leme e sem vela, perdidos no mar aberto. Bárbara Heliodora entende que esta deposição de Próspero apresenta características interativas e pragmáticas, na medida que destaca que o duque não foi um alvo inerte e inocente do malvado Antônio, pois ele mesmo abre espaço interativo para que ela ocorra ao assumir previamente uma desconfirmação abusiva de suas responsabilidades e seus deveres, que deveria confirmar, como governante, ao trocar a política pela magia. Nas palavras da autora:

> Próspero que — pelos dados da peça, devemos concluir — ascendera ao trono de Milão por direito de primogenitura, incorre no grave erro de dissociar direitos e deveres. Torna-se evidente, pelo desenvolvimento da ação, que para preservar a sua condição, o governante precisa não só ocupar seu cargo, mas também preenchê-lo, fazendo jus a direitos e privilégios só quando assume igualmente direitos e responsabilidades.[9]

Na visão da autora, Próspero falseia a narrativa, com um tipo de violência simbólica, ao dizer para Miranda que foi a confiança depositada em Antônio que nele estimulou sua ambição. Na verdade, a usurpação "desconfirmadora" teria por base o caráter egoísta e ambicioso de Antônio, que se somaria à afirmação política do desejo de fazer desaparecer a diferença entre o desempenho das funções ducais e o uso do título correspondente. Como necessidade maquiavélica de afirmar-se no poder, Antônio subverteu a autoridade de Próspero, e o que era sustentado nas homilias, em termos de hereditariedade, ao subordinar seu ducado à coroa de Nápoles e ao ordenar a morte do irmão. Ademais, o mago também manipularia a sua versão dos fatos em relação à afirmação de que só desejava o poder do conhecimento. Se assim fosse, como seu exílio na ilha foi acompanhado de toda a sua biblioteca, seu reinado informal seria suficiente e não o estimularia a planejar uma vingança ressentida contra aqueles que subverteram a sua relação de poder, tida como legítima e intocável pela tradição religiosa.

---

9 HELIODORA, Bárbara. *O homem político em Shakespeare*. Rio de Janeiro: Editora Agir, 2005, p. 224.

O sorriso angelical de Miranda, a ajuda do bom napolitano Gonzalo, que, à revelia dos conspiradores, abasteceu o barco de provisões e dos livros mágicos, bem como a Divina Providência, propiciaram a chegada de ambos até a ilha natural, em segurança, longe da civilização. Agora, diz Próspero, a boa fortuna trouxe a esta praia todos estes inimigos a fim de que se resolva a crise de legitimidade gerada pela usurpação "desconfirmadora" que o mago pretende transformar em rejeição criminosa. Desde então, o poder identificado com a força da magia de Próspero na ilha, longe do convívio social, constitui uma espécie de cadeia normativa informal e torna-se uma propriedade unilateral e absoluta adquirida por meio da sabedoria humana e exotérica dos livros que seriam constitutivos de sua metacomplementaridade natural. Sua interação social é limitada ao convívio pragmático com a submissa filha, Miranda, a qual ele dedica um amplo trabalho educativo humanista com o espírito da natureza Ariel e com o escravizado Caliban.

Miranda volta a dormir com o uso da magia de Próspero, e conhecemos Ariel, o espírito pacífico do ar, de natureza andrógina e assexuada, que viabiliza a mágica do mago por meio da natureza. Percebemos entre Próspero e Ariel, a princípio, uma visão interativa de poder bem limitada e incipiente, pois ele é uma espécie de espírito totalmente servil e submisso a Próspero, em quem não há propriamente controle da seletividade, mas imposição unilateral da vontade do mago, por meio da força da magia da qual não pode escapar, a não ser que seu senhor o liberte. É revelado que Ariel criou a tempestade por ordens dele. Vemos que a presença dos inimigos vai estimular, ao longo da peça, uma ideia interativa de poder que vai se colocar ao lado da visão unilateral de mando inicial. O unilateral poder da magia de Próspero, com o auxílio do espírito Ariel que o serve, cria o poder natural da tempestade que controlou a seletividade da ação dos navegadores e instaurou a crise de legitimidade no navio, fazendo com que os marinheiros "desconfirmassem" as relações metacomplementares da autoridade da nobreza, que já especificamos na fala do contramestre. Após o naufrágio, eles são separados em grupos.

ARIEL
Salve, meu amo! Meu senhor cá estou
Para atender seu prazer, seja voar,
Nadar, entrar no fogo, cavalgar
As nuvens, para cumprir as suas ordens,
Eis Ariel e seus pares.

PRÓSPERO
Espírito,
Criou a tempestade que ordenei?

ARIEL
Em todos os detalhes.
(...)

Ninguém sofreu nada;
Não há uma só mancha em suas vestes,
Que estão mais novas, como me ordenou,
Espalhei-os em grupos pela ilha.
Só o filho do rei deixei sozinho,
A resfriar o ar com seus suspiros
Num recanto escondido. Está sentado,
Fazendo um nó com os braços.[10]

A visão unilateral do poder, mais uma vez, é confirmada, quando Ariel relembra que pediu a Próspero para ser libertado. Não há possibilidade de rebelião "desconfirmadora" em torno da liberdade, não há espaço para ação e reação, já que a mágica determina a seletividade do sujeito. Todavia, o mestre usa elementos do passado para evitar descontentamento em relação a esta noção unilateral de poder que deve ser confirmada por Ariel, em termos de reputação e liderança, a fim de que suas ordens sejam cumpridas com exatidão e diligência. Ele relembra que a atual servidão tem fundamento no fato de que ele libertou o espírito da maldição da bruxa Sycorax, que foi banida de Argel e deixada na ilha, grávida. Recorda que Ariel, tendo uma boa natureza, "desconfirmou" a autoridade da bruxa e suas ordens maléficas, sendo que a malfeitora transformou a sua desconfirmação em rejeição criminosa, o prendendo, com muita dor, no tronco de uma árvore por 12 anos, mesmo após a sua morte. Mostrando seu *homo demens* irracional e violento, ameaça punir a queixa de Ariel com a nova prisão nas entranhas de madeira de um carvalho, mas acrescenta que, em dois dias, ele será libertado, como ficou acertado previamente. Ariel, mais uma vez, confirma, com satisfação, a sua obediência à ordem de assumir a aparência de uma ninfa do mar e permanecer invisível aos olhos dos outros.

PRÓSPERO
Se ainda resmungar, abro um carvalho
E o prendo nas entranhas da madeira
Para gemer doze invernos.

ARIEL
Perdão amo.
Eu obedeço a tudo que mandar,
Como espírito bom.[11]

A seguir, aparece o humano, mas primitivo e talvez deformado Caliban, que parece ser o grande contraponto de Ariel. Ele, também, parece confirmar o poder de mando unilateral de Próspero, desta vez, ligado a realização de ati-

---

10 SHAKESPEARE, William. *A Tempestade. Comédias e romances:* as obras completas. Tradução de Bárbara Heliodora. Rio de Janeiro: Nova Aguiar, 2009, p. 1513 a 1523.

11 SHAKESPEARE, William. *Op. cit.*, 2009, p. 1517 e 1518.

vidades terrenas, e não espirituais, como as de Ariel. O mago refere-se a ele como um escravo que, embora não seja cortês, faz o fogo, corta a lenha e executa outras tarefas domésticas que garantem a sobrevivência biológica. Miranda o considera como sendo um homem de má índole, e Próspero ressalta que ele foi gerado por uma bruxa, a mesma Sycorax que aprisionou Ariel. Ao contrário da imposição pacífica do poder sobre Ariel, que tende a espontaneamente confirmar a autoridade metacomplementar mágica de Próspero, com Caliban, afirma-se uma crise de legitimidade e evidencia-se uma noção interativa de poder em conflito. Esta parece ser controlada pelo uso da magia como elemento sancionador, conferindo câimbras e outros tormentos físicos. Claramente, Caliban desconfirma, de forma habitual, a autoridade de Próspero ao dizer:

> CALIBAN
> *Que o orvalho pior que a minha mãe*
> *Tirou do charco com pena do corvo*
> *Caia em vocês. Que o vento do sudeste*
> *Os cubra inteiro de bolhas.*[12]

O elemento interativo do poder em conflito está mais evidente com a presença de Caliban, que não reconhece o poder como liderança e como reputação de Próspero em termos pragmáticos. Ao contrário de Ariel, que reforça a reputação e a autoridade do mago, ligando seu poder de mando à ideia de liberdade, com Caliban existe a vinculação da autoridade do mágico com a escravidão e abuso de poder. Ele não reconhece a metacomplementaridade sobrenatural do mago e evidencia uma intenção "desconfirmadora" de disputar com Próspero o poder, como imposição da vontade, no qual a força da magia impede qualquer interação de ação e reação e permite apenas a de submissão absoluta. Caliban vê a ideia de poder imposta pelo mago não como natural, mas como uma construção abusiva, em termos comunicativos. Como nativo, ele também defende uma ideia não interativa de poder ao longo dos anos que tem habitado a ilha. Clama ser o "dono" da ilha, como filho e herdeiro de Sycorax, alegando ter sido "rei" antes da chegada de Próspero, que acabou, de forma abusiva, a desconfirmar a sua autoridade e gerar uma cadeia de magia branca, em oposição à cadeia normativa imposta pela magia negra de Sycorax. Ademais, destaca que foi manipulado pelo mago, com bons tratos, a mostrar todos os segredos naturais da ilha. Neste sentido, embora Caliban seja visto como um "filho de bruxa com um demônio do mar", é evidente que sua violência também advém da escravidão imposta por Próspero, que pressupõe o seu estado de inferioridade natural.[13]

---

12 SHAKESPEARE, William. *Op. cit.*, 2009, p. 1519.

13 BLOOM, Harold. *The invention of the human.* New York: Riverhead Books, 1999, p. 662.

CALIBAN
Eu quero o meu jantar.
A ilha é minha, da minha mãe Sycorax,
Que você me tirou. Logo que veio,
Me afagava, mimava, inda me dando
Umas frutinhas, e ainda me ensinou
A chamar a luz grande e a pequena,
Que queimam dia e noite. E eu te amava,
E mostrei tudo a você na ilha
As fontes, onde é estéril e onde é fértil.
Maldito seja! Todos os encantos
De Sycorax — sapos, escaravelhos,
E morcegos te ataquem todos juntos!
Pois eu sou seu único vassalo.
Eu era rei. Você me fez de porco
Nestas pedras, guardando pra você
A ilha toda.[14]

Próspero nega a manipulação dissimulada e responde que ele foi tratado com afeto sincero até que tentou violar a honra de Miranda, fato este que não é negado pelo servo. Caliban pragueja contra ambos, mas a magia da imposição do castigo físico faz com que ele confirme a mensagem normativa por meio da coação. Segundo Bárbara Heliodora, em uma interpretação não reducionista de Próspero, vemos como a magia o seduziu e o conduziu a uma visão extremista e unilateral de poder, pondo em relevo excessivo o seu homo demens. Diz a autora:

> Numa primeira etapa, sua arte mágica atuou como elemento alienatório, afastando Próspero da realidade humana, tornando-o omisso na função de governo, levando a sua deposição; num segundo estágio, válido nos últimos doze nãos e ainda vigente durante toda a ação, Próspero passou a habitar um mundo isolado, afastado da dimensão humana e consequentemente adequado ao desempenho das funções mágicas por meio das quais o ex-duque passa a ser, na ilha, atuante e usurpador, onde exerce um poder ditatorial, absoluto, que não leva a nada e que se caracteriza pela ausência de diálogo entre governantes e governados.[15]

O fato de sentir-se alvo de uma comunicação abusiva e ver-se aniquilado como sujeito, tido como desprezível, parece tornar o nativo impermeável a qualquer elemento educativo positivo trazido por Próspero. Miranda expõe a sua visão negativa sobre a suposta índole ruim de Caliban, afirmando:

MIRANDA
Vil escravo,
Que é incapaz de assimilar bondade,

---

14 SHAKESPEARE, William. *Op. cit.*, 2009, p. 1520.

15 HELIODORA, Bárbara. *O homem político em Shakespeare.* Rio de Janeiro: Editora Agir, 2005, p. 226.

Capaz de todo o mal! Eu tive pena,
Cuidei para que falasses e ensinei-te
(...)

CALIBAN
Agora eu sei falar, e o meu proveito
É poder praguejar. Que a peste a pegue.
Por me ensinar a sua língua.

PRÓSPERO
Passa bruxo! Vai pegar lenha e depressa — pois tenho
Mais cargas para ti. Inda reclamas?
Pois se fizeres mal, com má vontade,
O que em mandar, eu vou dar-lhe mais câimbras,
Dores nos ossos e fazer-te urrar
Tanto que os bichos vão tremer com o som.

CALIBAN
Não por favor!
Tenho de obedecer. É tal sua arte
Que domina Setebos, que é o meu deus
E o faz seu servo.

PRÓSPERO
Sai escravo, passa! [16]

Na cena seguinte, Miranda vê Ferdinand, filho de Alonso, separado dos demais, por causa da magia de Ariel, ordenada por Próspero. Inicialmente, ela pensa que ele é um espírito, elogiando a sua boa forma. O pai esclarece que ele é um homem que estava no barco, e a filha ressalta seu espírito nobre. Os dois encontram-se e ocorre um encantamento amoroso recíproco e espontâneo, não determinado pela magia de Próspero. Ferdinand diz que fará da donzela rainha de Nápoles. Próspero, no entanto, dissimula a sua real intenção de confirmar a união dos jovens em termos amorosos e políticos, o chama de traidor e exige que ele se coloque em uma posição submissa à dele, tendo grilhões no pescoço e nos pés. O jovem resiste, chega a tirar a espada, mas a mágica o detém. No fim, destaca que a perda do pai e dos amigos no naufrágio, bem como os abusos de Próspero, não são nada se puder ver Miranda, por quem se mostra profundamente enamorado. Próspero diz para Ariel que ele trabalhou bem, assumindo que o controle sobre a sua seletividade trouxe eficiência ao trabalho cumprido.[17]

Na primeira cena do segundo ato, há um diálogo entre Alonso, Sebastian, Antônio e Gonzalo, no qual a índole moral e política diversa de cada um é destacada. A fala de Gonzalo é otimista e generosa, pois diz que se a ilha fosse

---

16 SHAKESPEARE, William. *Op. cit.*, 2009, p. 1521.

17 SHAKESPEARE, William. *Op. cit.*, 2009, p. 1523 e 1524.

do seu reinado, seria o paraíso, sem riqueza, sem pobreza, sem magistrados, sem soberania, ou seja, sem relações de poder. Já a de Sebastian é negativa, pois ressalta que semearia espinhos. Com a interferência discreta de Ariel, todos dormem, menos Antônio e Sebastian, que planejam juntos armar uma conspiração "desconfirmadora" contra Alonso.

> GONZALO
> *A natureza fartaria a todos*
> *Sem esforço ou suor. Traição e crime.*
> *Espadas, facas ou a necessidade*
> *De todo o engenho eu jamais teria,*
> *Pois de si jorraria a natureza*
> *Em abundância sua colheita boa,*
> *Para alimentar meu povo inocente.*
> *Se a ilha fosse minha plantação, senhor...*
>
> ANTÔNIO
> *Semeava de espinhos.*[18]

Sebastian acredita que Ferdinand morreu afogado, e por isso, quem deve herdar o trono de Nápoles é a irmã dele, Claribel, que já é rainha em Túnis. O naufrágio aconteceu justamente quando voltavam do casamento dela. Após Antônio controlar a seletividade da ação de Sebastian, planeja promover uma conspiração, na forma de uma desconfirmação violenta e mortal à autoridade de Alonso, eliminando também Gonzalo, para que assumam a autoridade metacomplementar do governo em Nápoles. Ariel está à espreita e trata de acordar Gonzalo, antes que ele seja golpeado mortalmente, em conjunto com Alonso. Ao serem surpreendidos com a espada na mão, Sebastian usa do exercício da violência simbólica e alega que estava tentando proteger ao rei diante da possível aproximação de um bando de leões.

> SEBASTIAN
> *Seu caso, amigo,*
> *Será meu precedente. Tem Milão,*
> *Eu pego Nápoles. Tome da espada;*
> *Um golpe finda o tributo que paga*
> *E dá-lhe um rei amigo.*
>
> ANTÔNIO
> *Agora, juntos!*
> *E ao levantar meu braço faça o mesmo*
> *Para golpear Gonzalo.*[19]

---

18 SHAKESPEARE, William. *Op. cit.*, 2009, p. 1535 e 1536.

19 SHAKESPEARE, William. *Op. cit.*, 2009, p. 1542.

Na segunda cena, o viés cômico da narrativa aparece e, segundo vários especialistas, a peça sofre influências da *Commedia dell'Arte* italiana. Caliban, carregando, na condição de escravizado, uma carga de lenha, desconfirma mais uma vez a autoridade de Próspero, ao praguejá-lo, ao mesmo tempo que lamenta a sua servidão. Ele vê Trínculo, um bobo da corte que estava no navio naufragado, e acredita que este seria um dos espíritos comandados por Próspero para atormentá-lo e castigá-lo. Para evitar o castigo, ele coloca-se em posição de submissão, como sujeito da relação. O criado Stephano integra a cena, e, embriagado, oferece bebida a Caliban que, após a ingestão do álcool, tem a sua seletividade controlada, prometendo mostrar a ilha para eles, como supostamente fez a Próspero no passado. Ambos ocupam uma posição subalterna no navio, mas expressam uma posição de superioridade em relação a Caliban, referindo-se ao nativo como monstro pérfido e comunicando um aspecto cometimento complementar de autoridade em face de Caliban. Este nos revela a sua face ingênua, ao confirmar a suposta autoridade dos dois subalternos sobre ele, como forma de libertação do mago. Quebrando maniqueísmos em torno da sua intrínseca malignidade, ele declama um discurso poético ao descrever a beleza de sua ilha. Como está bêbado, não percebe como Trínculo e Stephano menosprezam a sua figura, também tida por eles como sendo naturalmente inferior.

> CALIBAN
> *Que todas as doenças que o sol suga*
> *Da lama, charco e lixo tornem Próspero*
> *Aos poucos em doença! Seus espíritos*
> *Me escutam se eu praguejo. Não belisquem,*
> *Ou levam para o escuro qual corisco*
> *Para eu me perder a não ser que ele mande*
> *(...)*
> *Mostro as melhores fontes, colho frutas,*
> *Pesco para o senhor, carrego lenha.*
> *Que a peste leve o tirano que sirvo!*
> *Não dou lenha para ele, só para você.*
> *Que é homem maravilhoso.*
> *(...)*
> *Cercar peixe nunca mais;*
> *Lenha não pego nem acendo,*
> *Só porque ele está querendo;*
> *Seus pratos não lavo mais.*
> *Ban. Ban. Ban, Caliban*
> *Tema amo novo amanhã.*
> *Liberdade, viva! Viva a liberdade!*
> *Liberdade, viva!*
>
> TRÍNCULO
> *Um monstro muito ridículo, a fazer desse bêbado uma maravilha!* [20]

20 SHAKESPEARE, William. *Op. cit.*, 2009, p. 1544.

Na primeira cena do terceiro ato, na gruta do Próspero, Ferdinand assume os deveres servis de Caliban e carrega lenha para Próspero. Ao contrário de Caliban, no entanto, Ferdinand não manifesta uma reação "desconfirmadora". Em vez disso, ele confirma a sua servidão e a autoridade metacomplementar de Próspero porque seus trabalhos servem para que ele veja a mulher que ama, Miranda. Como Ferdinand trabalha e pensa em Miranda, quando ela entra, e atrás dela seu pai, sem ser visto por qualquer amante, o mago observa o casal. Neste momento, percebemos que a espontânea interação amorosa do casal vai modificando seu pensamento político-filosófico e suas ações, constituindo uma nova noção de poder que não se confunde com a magia. Miranda diz para Ferdinand fazer uma pausa em seu trabalho, ou deixá-la trabalhar para ele, pensando que seu pai está fora. Ferdinand se recusa a permitir que Miranda trabalhe para ele descansar e pergunta o nome dela. Ela responde, e ele fica satisfeito: "Miranda" vem da mesma palavra latina que gera, em inglês, a palavra "admiração". A jovem propõe casamento ao príncipe, assumindo uma posição ativa. A servidão de Ferdinand não é odiosa como a de Caliban, pois resulta de um ato de amor e não de um sentimento de abuso de poder. Próspero assiste a cena sem interferir e abençoa a união dos amantes. Percebemos como a seletividade da ação dos jovens é controlada pelo amor, que equilibra as relações de poder e servidão; e não pela magia de Próspero, que apenas viabilizou o encontro físico, mas não espiritual, do casal.

FERDINAND
Eu sou, por posição,
Um príncipe, Miranda, e, creio, um rei.
Quem dera não! Nem tampouco eu aturo
A escravidão da lenha mais disposto
Que a ter moscas na boca. Eis Minha alma.
No instante em que a vi, meu coração
Ficou ao seu serviço; ele lá vive
Para me fazer escravo, e por você
Carrego lenha.

MIRANDA
Mas você me ama?

FERDINAND
Céus e terras, ouvi, quais testemunhas,
E coroai com bem o que professo
Se o que digo é verdade! Se for falso,
Que vire mal o bem a mim fadado
Eu, para além dos limites do mundo,
A amo, prezo e honro.

MIRANDA
E sou tola.

PRÓSPERO
Belo encontro
De raras afeições! Que chovam bênçãos
No que junto criarem!

FERDINAND
Por que choras?

MIRANDA
(...)
Que me acuda a inocência pura e santa!
Sou sua esposa, se quiser casar
Se não morro sua serva: o ser igual
Você pode negar; mas vou servi-lo
Quer você queira quer não.

FERDINAND
Minha senhora
E eu, humilde servo.

MIRANDA
Meu marido?

FERDINAND
Meu coração o quer tanto
Quanto o escravo o ser livre. Eis minha mão.

MIRANDA
A minha mão e o meu coração; adeus
Até uma meia hora.[21]

Na segunda cena do terceiro ato, Caliban, Stephano e Trínculo continuam a se embriagar e andar sobre a ilha. Stephano agora se refere a Caliban pejorativamente, como "monstro de servo", e ordena que ele continue a beber. Caliban parece feliz em obedecer, confirmando as ordens, dominado pelo álcool. Os homens começam a brigar, principalmente, em tom de brincadeira. Em sua embriaguez, Stephano agora assumiu o título de senhor da ilha e ele promete deixar Trínculo ficar se ele zombar de seu servo monstro. Ariel, invisível, ouve que Caliban está dizendo aos homens que "estão sujeitos a um tirano, um feiticeiro, que por sua astúcia o enganou e ocupou o seu lugar de autoridade na ilha". Ariel começa a causar problemas, controlando a seletividade de Caliban e Stephano com a ajuda da magia. Chama Caliban de mentiroso. Como ele não pode ver Ariel, pensa que Trínculo disse isso e o ameaça. Stephano diz a Trínculo para não interromper mais Caliban. Trínculo protesta, alegando que ele não disse nada. Embriagados, eles continuam a dialogar, e Caliban fala de seu desejo de vingança contra Próspero, expondo o seu plano de promover uma descon-

21 SHAKESPEARE, William. *Op. cit.*, 2009, p. 1553 e 1554.

firmação violenta de sua autoridade. Ariel continua a interromper, proferindo a palavra "mentiroso". Enquanto Ariel observa, Caliban conspira contra Próspero, planejando desconfirmar a sua autoridade, tirando os seus livros de magia. Uma vez que tenham tirado os livros, eles podem matar Próspero e levar sua filha. Stephano vai se tornar o rei da ilha e Miranda vai ser sua rainha. Trínculo diz a Stephano que ele acha que este plano é uma boa ideia, e Stephano pede desculpas pela discussão anterior. Caliban assegura-lhes que Próspero estará dormindo dentro de uma meia hora. Então, os homens decidem matar Próspero.

> CALIBAN
> *Como eu já disse, ele tem o costume*
> *De cochilar de tarde; e nesta hora*
> *Há de poder espirrar o seu cérebro.*
> *Mas antes tira os livros. Com uma acha*
> *Amassa o crânio, ou rasga com pancada,*
> *Ou corta a goela com a faca. Só lembra*
> *De pegar primeiro os livros; sem eles*
> *É um tolo igual a mim. É só queimar os livros.*[22]

Na primeira cena do quarto ato, Alonso, Sebastian, Antônio e Gonzalo estão exaustos. Alonso perde a esperança de encontrar seu filho, mas a crise de legitimidade está presente. Antônio ainda tem a esperança de desconfirmar a autoridade de Alonso. De forma mortal, sussurra para Sebastian que o desespero e o esgotamento do rei vão lhes proporcionar a oportunidade perfeita para matá-lo mais tarde naquela noite. Nesse ponto, uma "música solene e estranha" enche o palco e uma procissão de espíritos em "várias formas estranhas" entra, trazendo um banquete. A dança de espíritos sobre a mesa convida o rei e seu grupo para comer e dançar. Próspero aparece, mas fica invisível. Assim que os homens estão prestes a iniciar a alimentação, no entanto, um barulho de trovão estoura e Ariel entra na forma de uma harpia. Esta harpia estabelece um tipo de violência simbólica, pois aparece como um anjo, uma espécie de ideia de justiça moral superior, que é de fato uma criação mágica de Próspero, por meio de Ariel, para concretizar a sua vingança pessoal.

Ela bate as asas em cima da mesa e o banquete desaparece. Ariel zomba dos homens quando tentam empunhar suas espadas, que, magicamente, se tornam muito pesadas. Intitula-se um instrumento de destino e passa a acusar Alonso, Sebastian e Antônio de forçar Próspero a deixar Milão, deixando-o, com sua filha, à mercê do mar. Por este pecado, ele lhes diz que os poderes da natureza e do mar teriam exigido a vingança contra Alonso tomando Ferdinand. Ele desaparece, e a procissão dos espíritos entra novamente e remove a mesa do banquete. Próspero, ainda invisível, elogia o trabalho do seu espírito e anun-

22 SHAKESPEARE, William. *Op. cit.*, 2009, p. 1559.

cia com satisfação que seus inimigos estão agora no seu controle. Ele os deixa em seu estado distraído e vai visitar Ferdinand e sua filha. Alonso, entretanto, está bastante desesperado. Ele ouviu o nome de Próspero mais uma vez, como sinal da morte de seu filho. Decide correr para se afogar. Sebastian e Antônio, entretanto, decidem prosseguir e lutar com os espíritos. Gonzalo, mais uma vez representando a voz da razão, diz que os outros, mais jovens senhores, devem correr atrás de Alonso para impedi-lo de cometer um ato precipitado.

Ocorre, nesta cena, uma espécie de julgamento mágico dos inimigos de Próspero. Tendo por base a sua autoridade metacomplementar, a desconfirmação dos conspiradores é transformada em rejeição criminosa do ponto de vista das normas da magia. Tudo, porém, não passa de uma violência simbólica que apenas objetiva dissimular o ressentimento vingativo do mago.

ARIEL
Vejo três pecadores. Que o Destino
Que tem de instrumentalizar o mundo baixo
E o que há nele — o mar insaciável
Ou os fez cuspir para fora, e nesta ilha
Onde não se vive o homem — se entre os homens
Não merecem viver. Deixai-os loucos,
Com a bravura com a qual os homens se enforcam
E ainda se afogam.
Vocês três, em Milão, suplantaram o bom Próspero
Expuseram ao mar, que hoje o pagou,
Ele e a filhinha; por tal crime horrendo
Forças que tardam, mas que não esquecem
Provocaram mar, praia e criaturas
Contra a sua paz Alonso, de seu filho
Já o privaram; e esta é a sua sentença:
Que lenta perdição — sempre pior
Que morte rápida — aos poucos domine
Você é o que faz; contra a sua ira
Que nesta ilha triste, de outro modo,
Cai na sua cabeça — só existem
O coração partido e a vida pura

PRÓSPERO
Fez muito bem este papel de Harpia
Meu Ariel, atacava com graça.
De minhas ordens não tirou um nada.
No que tinha a dizer; e bem cumpriram
Com estranha visão, os meus ministros,
As tarefas que tinham. Meus encantos
Conseguiram juntar meus inimigos
Ensandecidos; estão em meu poder.[23]

---

23 SHAKESPEARE, William. *Op. cit.*, 2009, p. 1564.

Na primeira cena do quarto ato, Próspero diz que Ferdinand passou na prova do sofrimento por amor e dá sua bênção à união com Miranda, mas avisa ao noivo que ele não deve macular a virgindade antes que o casamento tenha sido celebrado. Ferdinand promete cumprir, confirmando, mais uma vez, a autoridade do futuro sogro. Próspero chama Ariel e lhe pede que invoque espíritos para realizar um baile de máscaras para Ferdinand e Miranda. Com brevidade, três espíritos aparecem nas formas das figuras mitológicas de Íris (Mensageiro de Juno e a Deusa do arco-íris), Juno (Rainha dos deuses) e Ceres (Deusa da agricultura). Este trio executa um baile mágico, comemorando o noivado dos amantes, que representa uma futura união política entre Milão e Nápoles. Em primeiro lugar, Íris entra e pede a Ceres para aparecer no desejo de Juno, para celebrar o "contrato do verdadeiro amor". Ceres aparece, e, depois, entra Juno, que abençoa o casal, desejando-lhes honra e riquezas. Posteriormente, Ceres atua desejando-lhes natural prosperidade e abundância. O espetáculo é exuberante e o noivo diz que gostaria de viver na ilha para sempre, com Próspero como seu pai e Miranda. A seletividade do mágico é controlada pelo amor dos noivos, ele confirma a confirmação pragmática de Ferdinand. Neste ponto, percebemos, claramente, como a noção interativa e não unilateral de poder alcança as ações de Próspero.

PRÓSPERO
Se o puni com excessiva austeridade,
O seu prêmio o compensa, já que eu
Aqui lhe dei de minha vida um terço
De tudo que por que vivi; e que outra vez
O entrego à sua mão: seus sofrimentos
Foram só provas pro amor; e você
Estranhamente resistiu à prova:
Pelos céus ratifico o meu presente
Ferdinand, não sorria se me gabo;
Pois há de ver que ele supera as loas
Que ficam para trás.

FERDINAND
Eu creio nisso,
Mesmo contra um oráculo.

PRÓSPERO
Presente meu, mas sua aquisição,
Com mérito comprada, eis minha filha;
Mas se quebrar o nó da virgindade
Antes que o santo cerimonial
Como todo o rito seja ministrado,
Que os céus retenham a doce aspersão
Que torna a boda fértil; o ódio estéril,
O negro olhar de desdém e a discórdia

Cubram de tais horrores o seu leito
Que a eles ambos odeiem: pela luz
Do himeneu, tome tento.[24]

Próspero de repente se assusta e, em seguida, manda os espíritos embora. O mago, que tinha esquecido da subversão de Caliban contra ele, subitamente, lembra-se de que a hora quase chegou para que os conspiradores executem o ato de eliminar a sua vida. A raiva de Próspero assusta o casal, mas ele assegura aos jovens que sua consternação é em grande parte o resultado de sua idade: ele diz que uma caminhada vai acalmá-lo. Próspero faz um breve discurso sobre o baile de máscaras, dizendo que o mundo em si é tão insignificante como um jogo, e que os seres humanos são "coisas de que os sonhos são feitos".

PRÓSPERO
Você parece, filho, algo afetado
Talvez desapontado. Mas alegre-se
Nossa festa acabou. Nossos atores,
Que eu avisei não serem mais do que espíritos,
Derreteram-se em ar, em puro ar;
E como a trama vã desta visão,
As torres e os palácios encantados,
Templos solenes, como o globo inteiro,
Sim tudo o que ela envolve vai sumir
Sem deixar rastros. Nós somos de estofo
De que se fazem sonhos; e esta vida
Encerra-se num sono.

Ferdinand e Miranda deixam Próspero sozinho, e o velho mago imediatamente convoca Ariel, que parece ter cometido um erro, não o lembrando a respeito da desconfirmação de Caliban antes do início do baile de máscaras. Próspero ordena a Ariel dizer-lhe, outra vez, o que estão fazendo os conspiradores, liderados por Caliban. Ariel fala sobre o esquema subversivo dos bêbados para roubar os seus livros e matá-lo. Ariel relata que ele usou sua música para liderar estes homens por meio de caminho áspero e espinhoso e, em seguida, para uma lagoa suja. Próspero, com a ajuda de seu espírito de confiança, monta uma armadilha para os três assassinos. Em um varal, na sua gruta, pendura roupas elegantes, símbolos da nobreza, para que os homens tentem roubá-las, seduzidos pela sua beleza. A seguir, eles se tornam invisíveis. Caliban, Stephano e Trínculo entram molhados pela lagoa suja. Imediatamente, as roupas brilhantes chamam a atenção de Stephano e Trínculo e controlam a sua seletividade no sentido planejado por Próspero. Eles querem roubá-las, apesar dos protestos de Caliban, que pretende continuar com o plano e matar Próspero, "desconfirmando" a sua autoridade. Stephano e Trínculo ignoram Caliban, que parece,

24 SHAKESPEARE, William. *Op. cit.*, 2009, p. 1567.

neste instante, dar-se conta da estupidez de seus "senhores". Logo depois que eles tocam no vestuário, há "um barulho de animais" e um bando de espíritos em forma de cães, definido por Ariel e Próspero, conduz os ladrões para fora.

> PRÓSPERO
> *É um demônio nato, cuja têmpera*
> *Nenhum tempero educa; os meus esforços*
> *Humanamente feitos, estão perdidos*
> *Com o seu corpo que o tempo enfeiou.*
> *A mente apodreceu. Vou persegui-los*
> *Até que gritem.*[25]

Ariel relembra Próspero que chegou a sua "sexta hora", ou seja, o momento dele tornar-se livre. Próspero reconhece o pedido de Ariel e pergunta como o rei e seus seguidores estão se saindo. Ariel diz que eles atualmente estão presos, como Próspero ordenou, em um bosque. Alonso, Antônio e Sebastian estão cheios de medo; e Gonzalo estaria chorando constantemente. Ariel diz que, caso fosse humano, teria compaixão por eles. Próspero, certo de que os nobres estão arrependidos, tem a seletividade da sua ação movida pela ideia de justiça como amor e perdão. Determina que Ariel liberte os homens, e oferece seu famoso solilóquio no qual ele desiste de magia. Próspero diz que vai realizar sua última tarefa e então quebrar seu cajado, afogando os seus livros mágicos. Ariel traz Alonso e seus companheiros, que tinham sido encantados para que obedientemente ficassem em um círculo. Próspero elogia Gonzalo por sua lealdade e desaprova os outros pela traição. Em seguida, ele envia Ariel à gruta para ir buscar as roupas que ele usava como Duque de Milão. Ariel vai e retorna imediatamente para ajudar seu mestre para vestir as vestes.

> PRÓSPERO
> *Se Você que é só ar, fica afetado*
> *Por suas aflições, não hei de eu,*
> *Que sou da espécie deles, e que nutro*
> *Paixões iguais, sentir mais que você?*
> *Os crimes deles me tocaram fundo,*
> *Mas o coração, mais nobre, contra a fúria*
> *Tomo partido: a ação mais rara*
> *Está na virtude, mais do que na vingança:*
> *Se estão arrependidos, meu intento*
> *Não franze mais o cenho. Vá soltá-los:*
> *Quebro o encanto, lhes restauro o senso,*
> *E serão eles mesmos.*
> *Com o próprio raio — e o vasto promontório*
> *Sacudi; e das bases arranquei*
> *O pinho e o cedro; sob o meu comando*
> *As tumbas libertaram seus defuntos,*
> *Graças a minha arte. Mas tal mágica*

---

25 SHAKESPEARE, William. *A Tempestade. Comédias e romances: as obras completas.* Tradução de Bárbara Heliodora. Rio de Janeiro: Nova Aguiar, 2009, p. 1573.

Aqui renego; e quando houver pedido
Divina música — como ora eu faço
Para alcançar meus fins pelos sentidos
Que tal encanto toca, eu quebro a vara,
A enfio muitas braças dentro da terra,
E mais profundo que a mais funda solda,
Enterrarei meu livro. [26]

Próspero, finalmente, parece reconhecer sua parcela de culpa pela perda de seu ducado em Milão. Ele passa por um processo de reumanizar-se, compreendendo a importância do elemento interativo do poder político. Libera Alonso e seus companheiros da sua magia, promovendo uma espécie de transformação espiritual e política, já que é deste mesmo processo interativo que a ideia de vingança se transforma em perdão.[27] Ele perdoa Antônio, mas, em contrapartida, exige que este devolva seu ducado em Milão. Mesmo sem a força da magia, ele mantém o seu papel ativo no controle da seletividade da ação de seus interlocutores. Antônio não responde e não diz uma só palavra de arrependimento até o final da peça, exceto ao afirmar que Caliban é negociável, como mercadoria. Alonso diz a Próspero que sente falta de Ferdinand. Próspero responde a ele que também perdeu uma criança nesta última tempestade — sua filha. Alonso permanece atormentado pela dor. Próspero, em seguida, põe de lado uma cortina, revelando por trás disso Ferdinand e Miranda, que estão jogando xadrez. Alonso empolga-se muito com a descoberta. Enquanto isso, a visão de outros seres humanos impressiona muito Miranda. Alonso abraça seu filho e implora perdão para a futura nora. Fica claro que a união afetiva e política do casal traz esperança de justiça e equilíbrio aos mais velhos. Todos acabam por confirmar a metacomplementaridade da autoridade do novo duque de Milão, em termos de reputação, já que o perdão é visto como justo e também em termos de liderança; uma vez que, mesmo com o silêncio de Antônio, podemos presumir o consenso geral.

PRÓSPERO
(...)
Santo Gonzalo, honrado cavalheiro
Meus olhos só pela visão dos seus pingam de amor
(...)
Com crueldade, usaste, Alonso, a mim a minha filha;
Teu irmão foi cúmplice do ato.
Sebastian hoje pagas. Consanguíneo,
Você, irmão, cuja ambição baniu
Natureza e remorso, com Sebastian
Tendo por isso as culpas mais terríveis

---

26 SHAKESPEARE, William. *Op. cit.*, 2009, p. 1579 e 1580.

27 HELIODORA, Bárbara. *O homem político em Shakespeare. Rio de Janeiro:* Editora Agir, 2005, p. 224.

Ia matar seu rei; eu o perdoo,
Por anormal que seja o raciocínio.
ALONSO
Ao vê-lo minha mente se curou
Que, temo, estava louca: tudo fala
Se é que é verdade – de uma estranha história
Seu ducado eu devolvo, e só lhe imploro
Que perdoe e meu erro.[28]

Depois de chegar com o contramestre e marinheiros, Ariel é enviado para buscar Stephano, Trínculo e Caliban. Os três rebeldes bêbados são enviados à gruta de Próspero para retornar as roupas que eles furtaram e para limpar-se na preparação para a alegre noite. Próspero convida Alonso para passar a noite com eles. Ele vai contar a história de seus últimos 12 anos, e pela manhã, eles podem todos partir para Nápoles, onde Miranda e Ferdinand se casarão. Depois do casamento, Próspero retornará para Milão, lugar em que ele pretende contemplar o fim de sua vida. A última tarefa que Próspero impõe a Ariel, antes de libertá-lo, é ter certeza de que a viagem para casa será feita em mares tranquilos. Caliban percebe a sua ingenuidade em relação a Stephano e Trínculo; ao ser libertado, parece tornar-se mais maduro e promete ter juízo no futuro. Vemos aqui o indício de que a atitude generosa de Próspero em perdoar Caliban manifesta o controle da seletividade do nativo em termos educativos, o que neutraliza a sua rebeldia habitual.

CALIBAN
Está bem; e no futuro vou ter siso,
Buscando a graça. Mas que grande besta
Eu fui, chamando o bêbado de deus,
E adorando esse tolo! [29]

Com a saída de outros personagens, Próspero oferece o epílogo da peça e percebemos a integração mais equilibrada entre o seu *homo sapiens* e o *homo demens.* Ele descreve a perda de seus poderes mágicos e diz que, como ele aprisionou Ariel e Caliban, o público o tem agora preso no palco. O fim dos poderes mágicos e a saída da ilha significam uma renúncia à visão unilateral e absoluta do poder, identificado com a força da magia e a confirmação de uma visão política interativa do mesmo como controle da seletividade da ação, que dão a ele o retorno de sua autoridade metacomplementar como duque de Milão, interrompida por 12 anos. As manobras mágicas, mesmo sendo espetaculares, são apenas auxiliares e perdem a importância. Elas são estéreis diante das ações e reações humanas, que são menos extraordinárias, mas mais atuantes em termos políticos e afetivos.

28 SHAKESPEARE, William. *Op. cit.*, 2009, p. 1582.

29 SHAKESPEARE, William. *Op. cit.*, 2009, p. 1588.

Por exemplo, a relação amorosa entre Ferdinand e Miranda trará trunfos políticos e familiares relevantes, assim como a conspiração de Antônio e Sebastian podem causar rupturas destrutivas. Nas palavras de Bárbara Heliodora:

> *Ele toma consciência da impossibilidade de diálogo, dada a diferença dos níveis operacionais da vida e da mágica: os truques, as aparições, o poder incontestado, a onipotência (que não é um atributo nem dos mais absolutos monarcas) tudo enfim que possivelmente foi sonhado durante doze anos não parece ter a menor significação.*[30]

Uma forte noção pragmática de poder político-jurídico, que assume contornos metafóricos com a atividade teatral, aparece nos versos finais, nos quais o próprio Shakespeare parece assumir o lugar do ex-mago. Caberia ao público espectador controlar a seletividade de Próspero/Shakespeare e julgar os seus atos, libertando-o ou não. Ele diz que o espectador só pode liberá-lo aplaudindo-o, e pede-lhe para se lembrar que seu único desejo era agradá-lo. Ele diz que, assim como seus ouvintes, gostaria de ter seus próprios crimes perdoados, assim, o público deve perdoá-lo e libertá-lo por palmas.

> PRÓSPERO
> *Os meus encantos se acabaram,*
> *E as minhas forças, que se restaram,*
> *São fracas, e sei verdadeiro*
> *Que ou cá me fazem prisioneiro*
> *Ou podem me mandar pro lar*
> *Já que ganhei o meu ducado*
> *E que fez mal foi perdoado*
> *Nesta ilha que é só deserto,*
> *Lançando-me encontro esperto.*
> *Quebrem os meus votos vãos*
> *Com a ajuda de suas mãos;*
> *Minhas velas sem suas loas*
> *Já murcharam as propostas boas*
> *Que eram de agradar. Não tenho*
> *Mais arte, espírito ou engenho:*
> *Meu fim será desesperação*
> *Se não tiver sua oração,*
> *Que pela força com que assalta*
> *Obtém mercê pra toda falta*
> *Quem peca e quer perdão na certa,*
> *Por indulgência me liberta.*[31]

30 HELIODORA, Bárbara. O *homem político em Shakespeare*. Rio de Janeiro: Editora Agir, 2005, p. 226.

SHAKESPEARE, William. *Op. cit.*, 2009, p. 1591.

O Diálogo das Quatro Peças

Por meio da análise das quatro peças, relacionadas, em termos interdisciplinares, às teorias contemporâneas que tratam do poder jurídico, foi possível lançar uma nova luz sobre a sofisticada ideia de homem político, em termos interativos, presente na linguagem dramática shakespeariana. Sua acurada e realista visão artística denuncia, em um plano racional e afetivo, a violência simbólica do poder sem jamais cair em simplificações panfletárias e maniqueístas, tão caras àqueles que se consideram, hoje, críticos da política. As peças mostram, de um ponto de vista afetivo e racional, com excepcional detalhamento didático, todas as etapas pragmáticas que geram a crise da legitimidade político-jurídica provocada pelo abuso de poder com a posterior ruptura da relação autoridade/sujeito. Não há a defesa de uma ideologia específica, mas a indicação de elementos pragmáticos básicos do poder, que afetam todas as vertentes políticas, sem exceção. A legitimidade não estaria apenas na regularidade do procedimento de instituição do poder, mas, também, em sua fruição interativa. O rei Ricardo, Brutus, Coriolano e Próspero são figuras ambíguas e complexas na sua essência humana integrada entre razão e emoção. Não são heróis e não são vilões em termos absolutos. No entanto, faltou a eles uma visão mais alargada e crítica sobre seu *homo demens sapiens*, sobre a relação entre linguagem e poder, e sobre a natureza interativa da relação entre governantes e governados. Somente Próspero adquire esta consciência crítica no final, percebendo que o ressentimento destrutivo, baseado na emoção do ódio, não pode fundar uma associação política equilibrada e livre da permanente repetição de padrões abusivos.

Em *Ricardo II*, o rei é um poeta, mas abusa de sua autoridade. É vaidoso, imaturo e egoísta, mas acaba sendo vítima da mesma violência simbólica do poder que cultuava em relação aos seus súditos. Ele próprio passa a acreditar no direito divino como realidade, incentivado pelos bajuladores falsos, e tem um fim trágico ao ser destronado em situação de extrema fragilidade humana. Bolingbroke, na crítica ao abuso do governo de Ricardo, usa uma máscara de humildade apenas para encobrir a sua real prepotência. O jogo de aparências e dissimulações, de ordem e subversão, continua após o destronamento de Ricardo.

Esta sofisticação voltada para a análise realista do poder — como algo constituído e desintegrado na própria relação de mando/obediência — faz com que sua exposição crítica seja extremamente atual, mesmo que já tenham se passado cinco séculos desde a sua concepção. A nosso ver, esta "pragmática shakespeariana da relação de mando/obediência" capta algo que vem se repetindo ao longo dos tempos do ponto de vista histórico, ainda que a ideologia política e a cultura sejam diversas do ponto de vista geográfico. No jogo interativo da relação de mando/obediência, enfrentamos o permanente risco de haver abuso na comunicação, que provoca, inevitavelmente, a indignação "desconfirmadora" — indicativa da crise de legitimidade do poder — e a percepção da sua injustiça.

O estudo da tragédia *Júlio César* foi instigante, pois revelou aspectos de extrema importância sobre a relação existente entre linguagem, argumentação e poder jurídico-político, em uma perspectiva profunda e realista, em torno dos problemas humanos. A visão racionalista da retórica pode ser muito útil na identificação semântica dos vários tipos de argumentos utilizados, mas, mostrou-se incompleta na explicitação das relações de poder subjacentes à comunicação e entendidas como controle da seletividade da ação, atuantes em toda interação pragmática. Neste sentido, a argumentação não visa apenas à adesão descompromissada do outro, de uma forma neutra e racional. Ela visa, na verdade, controlar a seletividade da sua ação, camuflando as relações de força destrutivas que estão na base de sua formação discursiva (confluência *homo sapiens demens*). Brutus não conhece o *homo demens*, é um personagem racional que não percebe as relações de força irracionais que compõem a base da relação do poder e que afetam a ele próprio e a forma com que é persuadido a liderar uma conspiração "desconfirmadora" vista como abusiva por antecipação, e não por meio da visualização de um fato abusivo concreto.

O terceiro ato, como vimos, expõe o clímax da peça. O discurso honesto e logicamente estruturado de Brutus provoca, no povo, uma mudança em sua seletividade, ou seja, uma reação de confirmação, do tipo *discussão* com do ato rebelde e "desconfirmador" que pôs fim à vida de César. Este passa a ser visto pela massa — que minutos atrás o adorava como autoridade legítima —, como um criminoso político em potencial. Em um primeiro momento, a liderança, a reputação e a autoridade de Brutus são confirmadas pelos terceiros, seu poder é legitimado em termos pragmáticos e torna-se, por alguns poucos minutos, metacomplementar. Em contrapartida, Antônio usa a noção de violência simbólica com maestria. Apesar de, aparentemente, partir de uma estratégia linguística do tipo *discussão contra* em relação a César e uma *discussão com* em relação aos conspiradores, ele desenvolve uma hábil comunicação que acaba por desintegrar a racionalidade lógica comunicada por Brutus, por meio da manipulação das emoções das massas e das ambiguidades semânticas das palavras.

Neste ponto, percebemos que, de fato, seu discurso era *com* em relação a César e *contra* em relação aos conspiradores, exatamente o oposto do que parecia ser no início. Shakespeare mostra como, em questão de minutos, a massa popular pode ser persuadida a interpretar a morte de César como um ato rebelde legítimo (desconfirmação) ou como um ato ilícito (rejeição) sangrento, em uma espécie de exame crítico de legitimidade do governo de César, a *posteriori*, depois de sua morte. Neste momento, a guerra civil começa, pois o exímio orador destrói a reputação, a liderança e a autoridade de Brutus, gerando uma contundente crise de legitimidade jurídico-política. Brutus e Antônio compõem juntos, mas de modo indireto, por meio de sua fala diretamente dirigida ao povo, um exemplo contundente de um *discurso contra* e não de um *discurso com*, como foi anteriormente acordado. Percebemos que a expressão do homem político em Shakespeare vai muito além da tentativa de mostrar a perda de uma suposta moralidade semântica universal na modernidade, pois antecipa, no plano artístico dramático, o sentido interativo e pragmático do existir.

A associação das teorias pragmáticas da comunicação com a obra shakespeariana evidenciou a presença de interações de poder político em crise de legitimidade, em vários níveis, que nos permitem distinguir o papel da violência e do poder em termos político-jurídicos. Por meio do drama de Coriolano, vivenciamos, em termos afetivos e racionais, como a violência física total pode ser eficiente na guerra e na afirmação da desigualdade forte/fraco. No entanto, na política, ela deve ser usada de forma comedida, como uma alternativa a ser evitada, ganhando prevalência o uso persuasivo da violência simbólica discursiva. Neste sentido, o destino trágico de *Coriolano* está associado a educação materna que inculcou a sua visão unilateral do poder como objeto e sua incapacidade para construir uma interação de poder com os plebeus, que é totalmente fracassada nas duas tentativas de obter a confirmação popular. Ela acaba por se transformar em uma comunicação normativa abusiva ao identificar sinceridade com grosseria violenta. O general traz a violência dos campos de batalha para a política, aumentando a crise de legitimidade; pois a violência, por si só, é incapaz de definir as relações metacomplementares normativas.

Ao fazermos uma leitura detalhada das complexas relações de poder presentes na peça, observamos que ela mostra situações de rupturas permanentes, pois tanto os Vólcios quanto a plebe, os tribunos e o próprio Coriolano desconfirmam uns aos outros e estão em disputa pela afirmação de relações complementares de autoridade com o objetivo de institucionalizar qual delas seria a metacomplementar. Neste trajeto, comunicações normativas abusivas aparecem de forma recíproca, na disputa dramática pelo poder, dentro e fora de Roma. Volúmnia, Menênio, os tribunos da plebe, Brutus e Sicínio revelam-se hábeis na manipulação, no controle da seletividade e na afirmação da ideia de violência simbólica como elemento constitutivo do poder. Em contrapartida, Coriolano apresenta algo em comum com o povo que tanto despreza. Ele é incapaz de exercer uma posição ativa neste controle da seletividade. Ao mesmo tempo que, de forma superior, alega ser o povo infantil, inconstante e sujeito à manipulação dos tribunos, não percebe que ele também o é, pois a emotividade de ambos suplanta suas reflexões racionais. O uso estratégico do adjetivo "traidor", pelos tribunos, leva Coriolano a sua ruína no momento que em que está em vias de obter a confirmação popular de sua autoridade como cônsul. A falta de consciência sobre o eventual uso destrutivo das emoções, quando estas não estão em equilíbrio com a racionalidade, iguala, de forma surpreendente, Coriolano e os plebeus.

A fala violenta e sincera do protagonista e sua incapacidade em controlá-la, racionalmente, é sua recusa ao uso ativo e dissimulado da violência simbólica e da visão interativa do poder. Porém, isto não o impede ser um agente passivo desta manipulação linguística, feita pelos tribunos e por sua mãe. Na peça, ela desempenha um papel ambíguo, pois, ao denunciar o lado hipócrita do poder, o coloca diante de comunicações abusivas que generalizam as reações desconfirmadoras chegando ao limite da guerra. Volúmnia mostra ter o controle total de sua seletividade, em termos pessoais, mesmo em escolhas que contrariam o seu caráter agressivo. No sentido proposto por Edgard Morin, vemos que a consciência subjetiva de Coriolano é bastante complexa. Todo o vigor físico superior sucumbe a um pedido da mãe, que ele atende de joelhos, de forma bastante submissa. Ao acatar a solicitação materna de paz, contrariando a sua natureza bélica, paradoxalmente não consegue sair do ciclo pragmático de violência, pois a paz, mais uma vez, caracteriza, do ponto de vista dos Vólcios, um ato abusivo e desconfirmador que o dirige para a morte, na condição ilícita de traidor.

Por fim, a análise da peça *A tempestade* revela um tratamento fabular muito rico ao exame do aspecto político que norteia a trama romântica. A visão interativa do poder político-jurídico é destacada em todos os momentos, de modo que se evidenciam abusos de poder, praticados pelos governantes, que geram reações desconfirmadoras subversivas que, muitas vezes, vão constituir novas relações abusivas em outros patamares. A ilha é o ponto de convergência onde todas estas interações político-jurídicas ocorrem.

Por meio de narrativa de Próspero, tomamos ciência de que a sua presença na ilha foi forçada por ato abusivo de seu irmão Antônio, que promoveu uma desconfirmação da sua autoridade de duque em Milão, assumindo ele próprio o seu lugar. No entanto, também temos a ciência de que esta reação foi incentivada não só pela ambição de Antônio, mas pelo fato do então duque de Milão ter, de forma abusiva, em termos comunicativos, desconfirmado seus deveres e responsabilidades como governante, ao entregá-los concretamente ao seu irmão. Ele desconfirma o seu poder político em nome da confirmação do poder ilimitado da magia. Seu personagem habita uma zona cinzenta em termos morais e políticos.

Exilado na ilha, ele pode ir além do direito divino e exercer este poder mágico confirmado de forma absoluta, já que não reside propriamente no controle da seletividade, mas na imposição da seletividade em relação a tudo e a todos. Uma interação mínima é preservada com a sua filha Miranda, mas a relação educativa destaca elementos de harmonia, que a levam a confirmar a autoridade do pai. Outra interação que fortalece a visão mágica do poder é aquela estabelecida com o espírito Ariel, que aparece como um servo satisfeito, pois a ideia de poder como reputação e liderança é garantida pela promessa de liberdade futura e pela libertação da maldição da bruxa no passado. A interação com Caliban, no entanto, é conflitiva e baseada no poder coativo da magia, que praticamente une a ideia de poder e força física. Neste ponto, percebemos que o "reinado" de Próspero teve como premissa a nova prática que Caliban considera abusiva, já que a sua autoridade sobre a ilha, herdada da bruxa Sycorax, é também decorrência de um ato "desconfirmador" praticado por Próspero.

O aspecto mais interessante e paradoxal da peça é aquele que mostra como a presença dos antigos inimigos — que, inicialmente, confirma a autoridade de forma integral pelo uso da mágica de Próspero —, vai, aos poucos, gerando novas interações e novas relações de poder. Duas atitudes desconfirmadoras violentas são planejadas. A primeira envolve, novamente, seu irmão Antônio, que tenta controlar a seletividade de Sebastian para depor o rei Alonso, seu antigo aliado. A segunda é mais cômica, por estar relacionada ao desejo de Caliban de retomar o seu "poder de mando" na ilha, com o auxílio dos subalternos e bêbados Trínculo e Stephano, que acredita serem espíritos superiores. Em ambos os casos, existe o impedimento por parte do poder da magia de Próspero.

A união amorosa de Ferdinand e Miranda, que trará bons frutos políticos, não foi imposta pela magia de Próspero, que apenas viabilizou o encontro físico do casal. É neste exato instante que a união tem o poder de controlar a seletividade do mágico, que, influenciado pelo sentimento de amor de sua filha, desconfirma a sua intenção de vingança originária e seus próprios poderes mágicos absolutos. Assim, ele liberta não apenas Ariel, mas também Caliban, que ficará livre na ilha que considera de sua propriedade. Ao desconfirmar o ódio e a magia, Próspero confirma o amor e o poder político, como constituído na interação não abusiva e equilibrada entre governantes e governados. Neste sentido, sua atitude é genuinamente subversiva por superar e transcender as tragédias de Ricardo, Brutus e Coriolano, constituídas pelo abuso de poder praticado, em termos comunicativos.

Referências

ARENDT, Hannah. *Crises da República.* São Paulo: Perspectiva, 1973.

_____. *Eichmann em Jerusalém.* Um relato sobre a banalidade do mal. São Paulo: Diagrama & Texto, 1983.

_____. *Entre o passado e o futuro.* São Paulo: Perspectiva, 1972.

ARNOLD, Thurman. "El derecho como simbolismo". *Sociologia del Derecho.* Caracas: Org. W. Aubert, 1971.

ATIENZA, Manuel. *As Razões do Direito: teoria da argumentação jurídica.* São Paulo: Landy Editora, 2003.

BATE, Jonathan. *The Genius of Shakespeare.* Londres: Picador, 1997.

BAUMAN, Zygmunt. *Medo Líquido.* Rio de Janeiro: Zahar, 2008.

BLOOM, Harold. *The invention of the human.* New York: Riverhead Books, 1999.

BOBBIO, Norberto. *Direito e Estado no pensamento de Emmanuel Kant. Brasília*: Universidade de Brasília, 1986.

_____. *Dicionário de política.* Brasília: Editora Universidade de Brasília, 1986.

_____. A *teoria das formas de governo.* Brasília: Editora Universidade de Brasília, 1980.

BOURDIEU, Pierre. *O poder simbólico.* São Paulo: Bertrand Brasil, 1998.

CAMPILONGO, Celso Fernandes. *Direito e democracia.* São Paulo: Max Limonad, 1997.

CÂNDIDO, Antônio. "A culpa dos reis: mando e transgressão no Ricardo II". *Ética.* Organização Adauto Novaes, São Paulo: Companhia das Letras, 1999.

CANETTI, Elias. *Massa e poder.* Brasília: Editora Universidade de Brasília, 1983.

COELHO, Fábio Ulhoa. *Direito e poder.* São Paulo: Saraiva, 1992.

DYMKOWSKI, Christine. *The Tempest.* Cambridge: Cambridge University Press, 2000.

EPSTEIN, Isaac. *Gramática do poder.* São Paulo: Editora Ática, 1993.

FARIA, José Eduardo Oliveira. *Poder e legitimidade.* São Paulo: Perspectiva, 1978.

_____. *Eficácia jurídica e violência simbólica.* São Paulo: Edusp, 1988.

_____. *Direito e globalização econômica*: implicações e perspectivas. São Paulo: Malheiros Editores, 1998.

FAZENDA, Ivani. *Metodologia da pesquisa educacional.* São Paulo: E. Cortez, 2008.

FERRAZ, Tércio Sampaio. *A Ciência do Direito.* São Paulo: Atlas, 1980.

_____. *Constituinte: assembleia, processo, poder.* São Paulo: RT, 1985.

_____. *Direito, retórica e comunicação* – Subsídios para uma pragmática do discurso jurídico. São Paulo: Saraiva, 1973.

_____. *Função social da dogmática jurídica.* São Paulo: RT, 1980.

_____. *Introdução ao estudo do direito* – técnica, decisão, dominação. São Paulo: Atlas, 2003.

_____. *"Notas sobre poder e comunicação".* Revista Brasileira de Filosofia V. XXXIV, São Paulo: Instituto Brasileiro de Filosofia, 1985.

_____. "O discurso sobre a justiça". *Revista dos Anais do I Congresso de Iniciação Científica* do Departamento de Filosofia e Teoria Geral do Direito da Faculdade de Direito da Universidade de São Paulo. São Paulo, 1996.

_____. *O oficial e o inoficial* (lido em Manuscrito).

_____. *Teoria da norma jurídica:* Ensaio de pragmática da comunicação normativa. Rio de Janeiro: Forense, 1978.

_____. *Estudos de Filosofia do Direito:* reflexões sobre o poder, a liberdade, a justiça e o direito. São Paulo: Atlas, 2002.

FIENNES, Ralph. "Ralph Fiennes on Coriolanus". *Shakespeare on stage, thirteen leading actors, thirteen leading roles.* Londres: Nick Hern Books, 2010.

FOUCAULT, Michel. *A microfísica do poder.* São Paulo: Graal, 1988.

_____. *"As verdades e as formas jurídicas".* Cadernos da PUC-RJ: Série Letras e Artes 06/74.

_____. *Vigiar e punir. Petrópolis*: Vozes, 1981.

GHIRARDI, José Garcez. *O mundo fora de prumo:* transformação social e teoria política em Shakespeare. São Paulo: Almedina, 2011.

HARRISON, G. B. *Introducing Shakespeare. Harmondsworth:* Penguin Books, 1962.

HELIODORA, Bárbara. *A expressão dramática do homem político em Shakespeare.* Rio de Janeiro: Paz e Terra, 1978

_______. *Falando de Shakespeare.* São Paulo: Perspectiva, 2001.

_______. *O homem político em Shakespeare.* Rio de Janeiro: Editora Agir, 2005.

_______. *O teatro explicado aos meus filhos.* Rio de Janeiro: Editora Agir, 2008.

_______. *Por que ler Shakespeare?* São Paulo: Globo, 2008.

HOBBES, Tomas. *Leviatã, Os Pensadores,* São Paulo: Abril Cultural, 1983.

HONAN, Park. *Shakespeare, uma vida.* São Paulo: Companhia das Letras, 2001.

JACKSON, Bernard. *Making sense in law. Liverpool:* Deborah Charles Publications, 1995

JAEGUER, Werner. *Paidéia:* a formação do homem grego. São Paulo: Martins Fontes, 1989.

JAPIASSU, Hilton. *Interdisciplinaridade e patologia do saber.* Rio de Janeiro: Imago Editora, 1976.

_______. *O sonho transdisciplinar e as razões da filosofia.* Rio de Janeiro: Imago, 2006.

JOUVENEL, *Bertrand de. Du pouvoir. Paris:* Hachette, 1972.

KELSEN, Hans. *Teoria geral do Direito e do Estado.* São Paulo: Martins Fontes, 1990.

_____. *Teoria pura do Direito. Coimbra*: Armênio Amado Editor, 1979.

_____. *Teoria General del Estado.* Madri: Editorial Labor, 1934.

_____. *Teoria da norma jurídica.* Porto Alegre: Sérgio Antônio Fabris Editor, 1986.

LAING, R. D. *O Eu e os outros.* Petropólis: Vozes, 1989.

LEBRAN, Gerard. *O que é poder?* São Paulo: Brasiliense, 1988.

LEMON, Rebecca. *"Arms and Laws in Shakespeare's Coriolanus".* The Law in Shakespeare. New York: Palgrave Macmillan, 2010.

_____. *Shakespeare's Richard II and Elizabethan Politics.* Lido em PDF, artigo não publicado.

LUHMANN, Niklas. *Poder.* Brasília: Editora da Universidade de Brasília, 1985.

_____. *Sociologia do Direito I.* Rio de Janeiro: Biblioteca Tempo Universitário n° 75, 1983.

_____. *Legitimação pelo procedimento.* Brasília: Editora Universidade de Brasília, 1980.

MAQUIAVEL, Nicolau. *O Príncipe.* São Paulo: Penguin Companhia, 2010.

MONTESQUIEU, Charles L. S. *Do espírito das leis.* São Paulo: Edições Cultura.

MORIN, Edgar. *A cabeça bem-feita, repensar a reforma, repensar o pensamento.* Rio de Janeiro: Bertrand Brasil, 2000.

_____. O Método 5. *A humanidade da humanidade.* Porto Alegre: Editora Sulina, 2007.

NEVES, Marcelo. *A constitucionalização simbólica.* São Paulo: Editora Acadêmica, 1994.

OLIVEIRA, Mara Regina de. *O Desafio à autoridade da lei:* a relação existente entre poder, obediência e subversão. Rio de Janeiro: Corifeu, 2006.

PADOVANI, Umberto e CASTANHOLA, Luis. *História da Filosofia.* São Paulo: Saraiva, 1969.

PLUTARCO. *Vidas paralelas, Alcebíades e Coriolano.* São Paulo: Annablume Classica, 2011.

REALE, Miguel. *Teoria do Direito e do Estado.* São Paulo: Saraiva, 1940.

ROSS, Alf. E*l derecho y la justitia.* Buenos Aires: Eudeba, 1963.

ROUSSEAU, Jean-Jacques. *Discurso sobre a origem e o fundamento das desigualdades entre os homens.* São Paulo: Editora Ática, 1989.

_______. *O Contrato Social, Os Pensadores.* São Paulo: Abril Cultural, 1978.

SACCIO, Peter. *Shakespeare's English kings.* Oxford: Oxford University Press, 2000.

SANTAELLA, Lúcia, *Produção de linguagem e ideologia.* São Paulo: Cortez Editora, 1996.

_______. *Que é semiótica?* São Paulo: Brasiliense (Coleção Primeiros Passos), 1983.

SAUSSURE, Ferdinand de. *Curso de linguística geral.* São Paulo: Cultrix, 1996.

SEVERINO, Antônio Joaquim. *Metodologia do trabalho científico.* São Paulo: Cortez, 2010.

SHAKESPEARE, William. *Coriolano.* Tragédias e comédias sombrias: as obras completas. Tradução Bárbara Heliodora. Rio de Janeiro: Nova Aguiar, 2006.

________. *Júlio César. Tragédias e comédias sombrias: as obras completas.* Tradução de Bárbara Heliodora. Rio de Janeiro: Nova Aguiar, 2006.

________. *Ricardo II. Shakespeare, dramas históricos.* Tradução de Carlos Alberto Nunes. Rio de Janeiro: Editora Agir, 2008.

________. *A Tempestade. Comédias e romances:* as obras completas. Tradução Bárbara Heliodora. Rio de Janeiro: Nova Aguiar, 2009.

VIEHWEG, Theodor. *Tópica y jurisprudência.* Madri: Taurus, 1964.

WARAT, Luís Alberto. *A definição jurídica* – suas técnicas, texto programado. Porto Alegre: Atrium, 1977.

_____. *El derecho y su lenguage.* Buenos Aires: Cooperadora de Derecho y Ciencias Sociales, 1976.

WATT, Gary. *Shakespeare and Law. Portland*: Hart Publishing, 2008.

WATZLAWICK, Paul; BEAVIN, Janet H. e JACKSON, Don D. *Pragmática da comunicação humana.* São Paulo: Cultrix, 1995.